OMUPブックレット No.62

子育てと共同性
― 社会的事業の事例から考える ―

梅田直美 編著　巽　真理子・木曽陽子・林　尚之・木下裕美子・上田有里奈

| はじめに（梅田直美） | 1 |

　1．本書における問題関心
　2．本書の構成

第1章　子育て中の母親にとっての多様な働き方とは（巽　真理子）　6

　1．はじめに
　2．日本におけるダイバーシティ（多様性）とワーク・ライフ・バランス
　3．多様な働き方としての「女性の起業」？
　4．おわりに

第2章　主婦の起業と「共同性」（梅田直美）　17

　1．はじめに
　2．「主婦の起業」から生まれるつながりと共同性
　3．おわりに

第3章　障害のある子どもを含めた子育てコミュニティ創出の試み（木曽陽子）　32

　1．地域における障害児への福祉サービスの現状
　2．事例：NPO法人IPPO
　3．障害のある子どもを含めた子育てコミュニティ創出における可能性と課題

第4章　「自由」と「共同性」―プレーパーク事業の事例から（林　尚之）　48

　1．はじめに
　2．プレーパークで問い直される人々の「関係性」
　3．子どもが「健全に育まれる場」としてのプレーパーク
　4．プレーパークにおける「共同性」とは
　5．おわりに

第5章　子育てをきっかけにした共同性を確保する仕組み：フランスの事例から（木下裕美子）　62

　1．子育てという現象を通じた共同
　2．「親であること」を実行する人たちと親が運営する「親保育所」
　3．協同組合型保育所
　4．まとめに代えて：子育てを通じて社会に埋め込まれた共同性にむけて

第6章　ドイツにおける「多世代ハウス」（上田有里奈）　73

　1．はじめに
　2．多世代ハウスの活動における重点の整理
　3．おわりに

おわりに（梅田直美）　86

はじめに

1．本書における問題関心

　「育児の孤立」が社会的に対処すべき問題とされ、「子育て支援」という言葉が普及するようになって久しい。学術的にも、「育児の社会化」が議論されてきた。しかし、日本社会では依然として、子育てを担うのは主としてその子どもの親、とりわけ母親であり、社会はそれを「支援」するという枠組みが基本とされている。

　本書は、「子育てと共同性」をテーマとしている。筆者は、これまで「育児の孤立」についての研究を行ってきたが、その研究のなかで、「子育て支援」の「支援」という言葉や、その実践内容に違和感を覚えることがあった。国や自治体の「子育て支援」政策の柱として取り組まれてきた「つどいの広場」や「子育てサークル」、新生児家庭全戸訪問事業といった交流、相談、見守りを目的とした実践においては、子どもを育てる親は、ピアサポートも含め「支援される者」として位置づけられることが多い。たしかに、育児の負担や責任をひとりで背負い疲れている親や、子どもとだけ向き合う生活に孤独感を抱いたり、子育ての悩みを相談する相手がいない親にとって、これらの実践は有効なものとなっているだろう。しかし、「育児の孤立」という状況には、孤立した親が「支援される者」としての存在にとどまっている限り解消できないような何かも含まれているのではないだろうか。筆者のこれまでの調査からは、たとえば主婦として子どもとだけ向き合う生活において何らかの困惑や葛藤を抱えていたとしても、自身を「支援される者」として位置づける制度を利用することに対して抵抗を感じる女性が少なからず存在することが明らかになっている。そうした女性は、自身が他者と関わりながら何らかの社会的価値を生み出す主体者となることによって、はじめて子育て生活における孤立感や葛藤から解消されたという。

　こうした問題意識から、筆者は、子育てを担う者が自ら主体者となり、支援者／被支援者の関係とは異なる形で「育児の孤立」から解放されるためのひとつの手がかりとして「共同性」のあり方を考えてきた。特に、働き続けたかったが出産や育児など何らかの事情により専業主婦／主夫となり、子どもとだけ向き合う生活のなかで困惑や葛藤を抱えている人々が、いかにして自身や子どもがよりよく生きるための実践へと向かうことが可能か、その手がかりとして

「共同性」に焦点を当てたいと考えた。

その「共同性」のあり方を考える中で、ひとつの可能性として辿り着いたのが、社会的事業（ソーシャルビジネス）の中で生み出される「共同性」である。

周知のとおり、子育て、介護などのケアに関する課題については、NPO法人や社会福祉法人などの比較的規模の大きな法人による事業から個人事業レベルまで、様々な主体による社会的事業が展開されている。自治体等の公的セクターの縮小と「市民協働」の推進、ニーズ・課題の多様化などを理由として、「市民」が主体となった社会的事業に期待が寄せられている。とりわけ、子育てに関しては、子育て経験を有する主婦など、女性を担い手として想定した社会的事業が注目されている。これまで、保育ニーズへの対応としては、保育所・幼稚園や療育施設が中心となって担ってきた。また、「子育て支援」においては、自治体や公益法人、NPO法人等によって運営・推進される子育て支援センターや「つどいの広場」、子育てサークル等が拠点となり、地域の母親の交流促進や相談機能の充実に努めてきた。しかし、近年においては、育児の孤立の問題やひとり親世帯の増加、子どもの貧困など子育てをめぐる課題が複雑に集積しており、公的制度では対応しきれないニーズが増加していると認識されるようになった。特に、人口減少が著しい地域では親子が利用できる施設やサービスなどの社会資源が乏しく、支援が届かず問題を抱えたままの親子も少なくないと指摘されている。また、雇用環境の悪化が進む地域では、出産や子育てを機に退職した女性の再就職が困難を極め、子育てがひと段落した後に働きたくても働けない親が多数いるなど、子育て期の親の労働をめぐる問題も深刻化していることが明らかにされている。

こうした子育てをめぐる課題を解決するための有効な手段として、社会的事業に期待が寄せられている。店舗内に大型遊具施設を備え、スタッフも子連れで出勤し顧客の子どもと一緒に遊べるようにすることで、地域の親子の居場所づくりや子育て中の女性の雇用創出に貢献する親子レストラン、地域の医療機関と連携して妊娠中から出産後まで親子の心身の健康増進を目的としたマタニティ／ベビーヨガ教室など、小規模なビジネスではあるものの、収益を得ながらも、子育てコミュニティ形成促進につながり、そのコミュニティを通じて多様なニーズに対応しようとする事業が生まれている。

しかし、これまで、こうした公的制度には位置づけられていない地域に根ざした小規模な社会的事業を通じて、子育てをめぐって人々がどのようなつながりや「共同性」を形成しているか、その「共同性」にはどのような課題や可能

性があるか、という視点での研究は行われてこなかった。もちろん、社会的事業そのものについては経営学分野で研究蓄積があり、ここ数年は社会福祉学の分野でもその可能性を探ろうとする研究が進められている。しかし、経営学分野では、ビジネスのマーケットとしての可能性や事業の構築・発展プロセスの分析にとどまっている。社会福祉学分野においても現在はまだ萌芽期であり、子育てに関わる社会的事業については比較的規模の大きい社会福祉法人やNPO法人による事業や公的制度に位置づけられる事業が取り上げられ、個人事業に着目した研究は未開拓といっても過言ではない。また、その事業によって生み出されるつながりや「共同性」を検討し考察するには至っていない。

　そこで、本書では、子育て期の主婦が自宅で営む個人事業や、障がいのある子どもを含む事業を展開するNPO法人、子育て期の夫婦が営むプレーパーク事業、フランスの協同組合型保育所、ドイツの多世代ハウスなど、国内外の社会的事業の事例を取り上げ、子育てをめぐっての「共同性」について検討し考察する。

　子育てをめぐる「共同性」と一言でいっても様々なものが考えられる。地域の子育てサークルなどで親子が日常生活における課題を共有し、その解決のために共に何かを実践すること、あるいは、保育の現場で保育者と保護者が共同して何かをする、ということも「共同性」といえるだろう。より広げると、社会・地域の様々な立場の人が、子育てにかかわる課題を軸として共に何かを考え、何らかの実践をすることも想定しうる。本書では、こうした規模の大小にかかわらない、持続的であるか一時的なものであるか、計画的であるか偶発的であるかにかかわらない、子育てをめぐる様々な「共同性」を対象としている。

2．本書の構成

　先述のように、本書では、国内外の様々な社会的事業の事例を取り上げ、子育てをめぐっての「共同性」について考察する。

　まず、第1章では、いまだ母親が子育てを担う主体として捉えられる社会状況のなかで、ダイバーシティとワークライフバランス尊重の流れに伴い注目が高まっている、子育て中の母親にとっての「多様な働き方」についての論点を提示している。子育てに関わる社会的事業の担い手として、子育て経験をもつ女性が中心となることが多い現状において、「子育てと共同性」を考える上でジェンダーの視点からこの論点をはじめにおさえておく必要があるだろう。

第 2 章では、戦後日本における家族のスタンダードとして根強く存在し続け
てきた働く夫・専業主婦の妻・子どもからなる家族モデルを基盤とした「主婦
の起業」という事例に焦点を当てる。特に、出産や子育てを機に退職し主婦と
なった女性が、日常生活における困惑や葛藤の中で模索しながらキャリアをい
かした起業を実現させ、「支援される者」としてではなく、主体者として、よ
りよく生きる道を切り拓いている事例を取り上げた。そして、その実践を通じ
て生み出される様々なつながりや「共同性」がどのようなものであり、それが
その実践といかに関わっているかを検討している。

　第 3 章では、ある保育園での障がいのある子どもの親の会から生まれた
NPOによるアートスペースの活動を事例として取り上げている。公的な福祉
サービスであれば障がいのある子どもとその親が利用者の主体となることが多
いが、このNPOでは利用条件はなく、障がいのあるなしにかかわらず、また、
子どもから高齢者まで、年齢制限なく誰でも利用することができる。そうした
実践のなかで、どのようなコミュニティが形成されているかが、ソーシャルイ
ンクルージョンの概念に照らしながら検討されている。

　第 4 章では、子育て期の夫婦によるプレーパーク活動の事例を取り上げ、親
子の「遊び」を軸として、「自由」と「共同性」について考察している。プレーパー
ク活動は、子どもの自由な遊びの実現を目指した市民運動である。本章で取り
上げる事例では、サービスの提供者／利用者という関係性から解放されるため、
「無料」であることにこだわって活動をしているという。この章では、こうし
た実践のなかで、「自由」と「共同性」を両立させようとする試みがいかに行
われているかが検討されている。

　以上は、日本における公的制度には位置付けられない社会的事業の事例を取
り上げている。続く第 5 章と第 6 章では、公的な制度として取り組まれている
ものも含め、海外での、子育てと共同性に関わる興味深い事例を取り上げ考察
している。

　第 5 章では、2000年代以降、地域活性化として注目されているフランスの協
同組合型保育所を事例として取り上げている。協同組合型保育所では、「保育
を通じて複数のパートナーを巻きこむこと」へと進展した子育て領域のあり方
がみられ、具体的には「地域をつなぐ」「地域を考える」ことや、雇用の創出、
持続可能な保育の提案といった、様々な実践が行われている。この章では、こ
れらの実践を事例とし、子育てをきっかけにした「共同性」を確保する仕組み
について検討している。

第6章では、ドイツの多世代ハウス事業を事例として取り上げている。ドイツにおいては、伝統的な家族規範からの脱却が図られ、「持続可能な家族政策」の構築が目指されてきた。その一環として創設されたのが多世代ハウスである。多世代ハウスは、子どもから高齢者、障害者、移民など血縁・年齢・属性を超えた人々の関係性を地域のなかで積極的に育成・強化し、人々の自発的な交流のなかでの相互理解や相互扶助を通して、家族や個人をめぐる様々な課題に対して複合的な解決を図っていくためのプロジェクトである。「ハウス」という名称ではあるが、そこに住むというものではなく、地域に住む全ての世代の人々が出会うための場として位置付けられている。この「多世代ハウス」において、いかなる共同性が目指され、生み出されているかを考察する。

第1章
子育て中の母親にとっての多様な働き方とは

(巽真理子)

1．はじめに

　本章では、近年の日本における女性活躍推進からダイバーシティ（多様性）推進への動きをふまえた上で、筆者のNPO法人での経験も交えながら、子育て中の母親にとっての「働き方の多様性」について考えていきたい。

　日本では、いわゆる「男は外で仕事、女は家庭で家事・育児」という性別役割分業が、明治末からの近代化の中で確立し、戦後の高度経済成長期に雇用労働者（サラリーマン）の増大とともに大衆化していった（宮坂 2008）。その中で女性は、結婚・妊娠・出産を経て家庭に取り込まれ、サラリーマンを支える主婦として家事・育児を一手に担ってきた。

　しかし近年では母親だけでなく、父親も子育てに関わることが勧められている。それは急速に進んだ少子化の要因が、晩婚化だけでなく、夫婦の出生力の低下にもあると指摘されたことによる（国立社会保障・人口問題研究所 2002）。父親は、いまや家庭や地域生活に関わるべき存在となり、2010年にはイクメンプロジェクト（厚生労働省）が開始され、メディアにも「子育てする父親」がイクメンとして良いイメージで登場するようになった。このような状況は一見すると、子育てにおける男女平等が進んだようにみえる。

　では実際に、性別役割分業は解消したのだろうか。社会生活基本調査（総務省統計局 2011）によると末子が6歳未満の夫婦では、母親の育児時間は1日あたり202分で「身体の世話・監督」と「遊ぶ」のが中心なのに対し、父親は39分で「遊ぶ」のが中心と大きな差がある。このように現代でも、母親が子育てを主に担う状況は大きく変わらない。

　他方、男女共同参画の推進と経済不況の影響などにより、結婚や出産後も働き続ける女性が増えている。共働き世帯は1997年に専業主婦世帯を超え、2016年では専業主婦世帯の約2倍となっている（内閣府 2017）。女性が働き続けることには、ケア役割に伴う二次的依存[1]になりがちな状況（Fineman 1995＝2003；Kittay 1999＝2010）を変えていくことにつながる。

　また経済社会からは、女性は少子化による労働力不足を補う「これまで活用

されていなかった潜在的な労働力」として期待されている。そのため「女性の力」を最大限発揮できるようにすることがアベノミクスの重点政策となり、2017年には「女性の職業生活における活躍の推進に関する法律」(「女性活躍推進法」)が施行された。だが、都市部での保育所の待機児童の問題が解決されたとはいえず、女性が働き続ける環境は十分に整えられていない。では女性は、母親として子育てを主に担ったまま、経済社会での活躍も期待される中で働き続けていこうとする時、どのような働き方ができるのだろうか[2]。

2 日本におけるダイバーシティ(多様性)とワーク・ライフ・バランス

本節では、現代日本において標準となっている働き方とジェンダー規範をおさえた上で、近年の企業におけるダイバーシティ推進の動きと、「企業に勤める」以外の働き方の可能性についてみていく。

(1) 日本企業での働き方とジェンダー規範

現代日本の企業において女性が十分に能力を発揮できない理由として、女性にも「男並み」の働き方が求められることがあるといわれる (武石 2017)。では、「男並みに働く」とはどのようなことなのだろうか。

それは端的にいえば、一家の稼ぎ主であり長時間労働に専念する「サラリーマン」だといえるだろう。このサラリーマンは、戦後日本の男性にとって生き方の標準となっていたものだが (多賀 2011)、このような働き方の背景として次の2点があげられる。

第一に、「メンバーシップ契約」としての雇用契約である。濱口 (2011) によると、これは日本独特の企業文化であり、具体的な職務を定めず、企業内のメンバーシップの維持が最重要視されるものだという[3]。欧米や他のアジア社会では、企業の中の労働をその種類ごとに職務 (ジョブ) として切り出した上で、労働者を採用し従事させる「ジョブ契約」がとられており、各自の職務の内容・範囲・責任が明確である。これに対して、メンバーシップ契約では具体的な職務を定めないため、雇用労働者は自分がどの程度まで仕事をすればよいのか不明瞭なまま、職場のメンバーに認められるような働き方を求められる。このような働き方では、上司や同僚の目を気にして、必要以上に長時間労働になりやすい。

第二に、企業におけるホモソーシャリティがある。戦後の労使交渉の中で、

男性集団のみで共有される価値や基準にもとづいた「平等」が、日本の労働界における「平等」になっていった。その中で女性は不可視化され、それに伴って「ケア役割を担わない者」を前提とした働き方が標準になった（海妻 2012）。

このようなサラリーマンの働き方が標準になっている限り、子育てなどのケア役割を多く抱えがちな女性は、働き続けることが難しい。その状況は育児支援策が整ってきたと考えられる現代でも、それほど大きく変わってはいない。たとえば中野（2014）は、2000年代に就職した総合職女性へのインタビュー調査から、出産後も就労継続する母親はマミートラック[4)]も利用しながら、短時間勤務や育児休業など子育てしやすい環境や資源を獲得して利用しているのに対し、出産前は男並みに働いていた、いわゆる「バリキャリ」女性は出産後に退職してしまう傾向が強いことを明らかにした。中野はその理由として、「バリキャリ」女性は、出産前と同様に男並みに働き続けられない自分を許せないことをあげる。

したがって、子育てを担う女性が企業で働き続けられるようにするためには、母親への支援策を講じると同時に、母親が仕事でのやりがいを失わないようにする必要がある。では、女性の力を活用していくためには、どのようなしかけが必要なのだろうか。

（2）女性活用からダイバーシティ推進へ

たとえば日本IBMでは、1960年代に既に四年制大学卒業の女性の積極的な採用を開始し、男女同一賃金を実現している。2015年では、女性社員比率は22%とそれほど高くはないが、管理職における女性比率は14%、役員級（理事含む）は13%と高い。そのうち、女性社員の38%、女性管理職の48%、女性役員級の39%が子育てしながら働いている。このように日本IBMはワーキングマザー率が高いことから、女性が子育てしながら働き続けやすい職場環境を整えているといえる。他方、1998年にはリーダーとして活躍する女性を増やすために、女性役員と係長クラスだった女性社員10名でJapan Women's Council（以下、「JWC」）の活動をスタートさせている。JWCは女性のキャリア課題についての分析を自ら行って、解決策を経営に提言し、それを現場で実行していくことにより、女性が活躍できるような企業風土の改善に成功した。そして女性活用と並行して、1990年代には海外のIBMと共に、思想、文化、人種、性別や出身地などさまざまな違いを持つ人材の多様性を活かす、ダイバーシティの取り組みを開始している（日本IBM 2017）。

日本IBM以外にも日立製作所や日産自動車など、これまで男性が多かった電気メーカーや自動車会社でも、女性の活躍促進が進められてきた。そして現在では女性だけでなく、さらに対象を外国人・障がい者・LGBT[5]などに広げた、ダイバーシティが推進されている（麓・日経BPヒット総合研究所 2016）。しかし先進例として紹介される企業でも、全ての部署で女性を活用できている企業はほんのわずかである。管理職を対象とした調査（P&Gジャパン 2017）をみると、ダイバーシティの必要性を認識している管理職は約半数に過ぎない。それは、日本がまだ「男並み」に働くサラリーマンを働き方の標準とするところから抜け出せないでいる証左でもある。

そこで近年では、男性の働き方自体を変えていくことが提唱されている。しかし、男性の育児休業取得100％を達成した日本生命の例をみても、その取得日数は土日と合わせて1週間程度（平均5.2日）が多く、最長でも16日間となっており（日本経済新聞社 2014）、1年前後休むことが多い女性（厚生労働省 2016）との差は歴然としている[6]。

したがって、女性が子育てしながら企業で働き続け、かつ活躍していく機会は徐々に増えているとはいえ、まだ十分とはいえない。そのため、子どもがいる女性が働き続けるためには、企業に勤める以外の働き方を模索することも必要となってくる。

（3）「企業に勤める」以外の働き方

先に見たように、いまだサラリーマンとして「男並み」に働くことが標準であることから抜けきれず、固定的な性別役割分業の中で子育てを女性が主に担う日本では、企業で働く子育て中の母親に対して、「男らしく」働くことと「女らしく」子育てすること、どちらも同時に求められがちである。そのため、子育てを優先したライフスタイルを希望する母親には、企業に勤める以外の働き方が必要であり、その一つに起業がある。

子育てを優先しながら働くためには、職住近接であることが重要である。なぜなら保育所や幼稚園への送迎をしなければいけない場合、決められた保育時間中にできるだけ多く働けるようにするためには、通勤時間を短くする必要があるからである。そして自分が住む地域で起業するには、事業内容をその地域のニーズに応えたものにする必要がある。

リクルートは2015年のトレンド予測のキーワードの一つとして、「ママ喜業」を取り上げている。これは、ママ友関係の延長線上で、SNSをメインの集客手

段とした「ママ向けサービスの小規模な開業」を指す。この「ママ喜業」の目的は、たくさんのお金を稼ぐことではなく、自分の経験を次のママ世代に活かすことで、双方のママが子育てを喜ぶ状態を生み出すことであるという（リクルートホールディングス 2014）。

　振り返ってみれば、身近な社会的ニーズを汲み取って活動につなげていくことは、地域活動を担ってきた女性たちにとって得意な分野だといえる。高度経済成長期以来、職住分離と長時間労働でサラリーマンの男性たちがいない地域で、女性たちは町内会、学校のPTAなどの地域活動を支えてきた。そして女性たちは、自身の主婦や母親としてのニーズにも応えてきた。公共図書館がなければ文庫活動を始めて子どもたちに読書の場を提供し、郊外のニュータウンに買い物をする場がなければ生活協同組合を立ち上げた。

　筆者がNPO活動として関わった「子育てひろば」（親と乳幼児が集う場を提供する子育て支援事業）も、母親たちが地域のニーズ解決のために始めた活動が発端となっている。たとえば横浜のNPO法人びーのびーのは、地元に児童館がなく、自宅・公園・スーパーマーケットを母子で孤独に行き来する生活に息苦しさを感じていた母親たちが、商店街の空き店舗を利用して立ち上げたものである。それはやがて厚生労働省の目にとまり、国の事業「つどいの広場事業[7]」として全国に広められていく（大豆生田 2006）。

　筆者も同じような経緯で、地元の公民館講座で知り合った仲間たちとNPO法人を立ち上げ、大阪で空き民家を借り上げて「子育てひろば」を開催した。日本ではNPOはボランティア活動と捉えられがちであるが、地域社会の課題を解決しながら働く場を創り出す「社会的起業」として活動しているところも多くあり、筆者が立ち上げに関わったNPO法人もその一つである。1年ほど自主事業として中心メンバーがお金を出し合って活動した後、その実績が認められ、市からの委託事業として「つどいの広場事業」を受託した。その後は、ひろばスタッフに少ないながらも給与を払い、子育て中の母親たちが働く場を創り出した。そこは単なる働く場というだけでなく、母親自身が孤独な子育てから脱出し、仲間との共同性を確保するというニーズを満たしてくれる場でもあった。自らのニーズに応える場を地域に創り出していく活動は、とてもやりがいのあるものである。

3．多様な働き方としての「女性の起業」？

　政策においても女性の起業は注目されており、第二次安倍内閣が掲げる成長戦略「日本再興戦略」でも、「医療・保育・教育等の関連分野における新たなニーズに応えるため、女性を中心に増加しているNPOによる起業への支援を強化する」（内閣官房 2014：89）としている。これを受けて経済産業省では「女性起業家等支援ネットワーク」を構築して、女性特有の課題[8]に沿った女性起業家を支援している（内閣府 2017）。

　市町村においても、女性の起業支援は積極的に行われている。たとえば、大阪府堺市の第3セクター「さかい新事業創造センター」（以下、「S-Cube」）では、「さかい女性起業家支援」として、これから起業しようとする女性たちを対象にしたセミナーなどを開催している。セミナーでは、先輩の女性起業家が体験談を交えながら起業に必要なノウハウや課題などを伝え、そこに日本政策金融公庫からの起業時の融資制度の案内や、S-Cubeの起業準備オフィスなどの施設利用案内も組み合わせることにより、実際に起業するための資源についての情報を提供している（さかい新事業創造センター 2017）。

　では、このような「政策からの女性の起業への期待」とは、具体的には何を指しているのだろうか。特に「女性を中心に増加しているNPOによる起業」（内閣官房 2014）を中心に検討してみたい。

　内閣には、女性の力が十分に発揮され日本社会の活性化につながるよう「すべての女性が輝く社会づくり本部」が設置されている。本部長は内閣総理大臣、構成員は内閣官房長官や女性活躍担当大臣をはじめ、全ての国務大臣である。ここで2014年に定められた「すべての女性が輝く政策パッケージ」（以下、「政策パッケージ」）では「起業の機会を拡大するための環境整備」として、「家事・子育て・介護等を通じて地域貢献を希望する女性、再就職を希望する女性、起業・NPO等の立ち上げを希望する女性を対象に、各地域での先進的な取組への支援を行う」（すべての女性が輝く社会づくり本部 2014：11）としている。つまり、政策パッケージの中でNPOは、起業の一形態と捉えられている。

　しかし実際のNPOは、働く場として成熟しているとはいえない。それは、主に収入の少なさによる。2014年度のNPO法人の実態調査（内閣府 2015）によると、各団体における常勤有給職員の人数は10人以下が84.7％であり、そのうち0人が34.4％を占める[9]。常勤有給職員の年収は平均221万円で、民間企業の平均年収415万円の約半分、女性の平均年収272万円よりも50万円以上低い（国税

庁 2015)。このように現在の日本のNPOでは、生計を立てられるだけの十分な収入を得ることは難しい。この問題点は、NPOの継続性に関わる。筆者は前述の子育て支援NPOの他にもいくつかのNPOに関わってきたが、いずれのNPOにおいても、子どもの教育費などの理由で女性が家計を支える必要が出てくると、パートに出るためにNPO活動から卒業するというスタッフが少なくなかった。

　このようなNPOスタッフの収入の少なさには、NPOが利用料を低く設定していることが一つの要因だと考えられる。それはサービスのシステム構築の際に、企業のようにそのサービスにかかる費用から価格を設定せず、地域の人が利用しやすい価格に設定するという、利用者目線の強さによる。これは利用者にとっては助かるが、働く場を求めているスタッフにとっては、労働時間の割に収入が合わないということになる。前述の「子育てひろば」の場合は、厚生労働省の「つどいの広場事業」となったことにより、市町村からの委託事業としてNPO等が受託できるようになった。しかし、その委託費の額は行政の考え方によってまちまちであり、中には家賃は出るが人件費は交通費程度という低い額で委託する市町村もあった[10]。NPO側は、その活動を他の団体に任せたくないという想いから、安い価格でも受託してしまう。まさに「やりがいの搾取」である。

　スウェーデンのような高福祉社会では、家族支援政策による福祉が充実するにしたがい、福祉関係の雇用が創出された。職種によるジェンダー差の問題があるとはいえ[11]、継続的に女性が地域で働ける場が開かれたことに間違いはない（木下 2016）。それに対して日本では、日本型福祉社会が1973年のオイルショック後に強化され、家族福祉と企業福祉が強固に相互補強した形で、企業社会を支える基盤となった。日本型福祉社会は家族内の性別役割分業を前提に、「含み資産」としての専業主婦に家庭のケア役割を一手に担わせた。そして、男性には安定的な雇用と一定の賃金が与えられるように労働市場が規制され、女性や子どもは世帯主である男性の雇用を通じて福祉を受け取る「男性稼ぎ主型」の生活保障システムとして機能し続けている（大沢 2013）。

　これらのことから、女性たちに期待されている「NPOによる起業」は、地域のニーズに応える新しい働き方を構築すると同時に、いまだ変わらない日本型福祉社会を安い労働力で支えることにもなりかねない。家庭での二次的依存（Fineman 1995＝2003；Kittay 1999＝2010）から飛び出し、地域のニーズに応えてNPO活動をする女性たちを、さらに搾取するようなことは避けられなければならない。

　このような状況を打破するためには、行政が「安いから」という理由だけで

はなく、地域のニーズに細やかに応えるというNPOの利点を理解した上で、きちんと人件費を含めた額でNPOに事業委託していくことが必要である。またNPOの側も、会費収入と行政からの受託だけに頼るのではなく、積極的に企業などともつながり、スタッフに十分な給与を払えるだけの経済的基盤を獲得していくことが必要である。経済的基盤があれば、NPOの組織としての継続性も確保できる。したがって今後のNPO運営には、地域のニーズに応えるというやりがいだけでなく、ビジネスとしての経営的視点も必要となってくるだろう。

4．おわりに

　本章では、子育て中の母親にとっての「働き方の多様性」について考えてきた。
　近年、企業では女性活用からダイバーシティ推進へと進む動きがあり、女性をはじめとする「長時間労働に専念できる男性」以外の人たちにとっても、働きやすい環境が整えられつつある。しかし、その機会にあやかれる人は一握りである。そこで企業に勤める以外の働き方の一つとして、NPOによる起業を検討した。NPOは地域のニーズに応えて新しい事業を創り出すというやりがいがある一方で、スタッフの収入が少ないために人材の確保が難しく、継続性が低いという一面があり、女性が働き続ける場として成熟しているとはいえない。行政から事業を受託する場合でも、日本型福祉社会の中で安い労働力として扱われ、「やりがいの搾取」につながる危険性もある。逆に、NPOが組織として継続していくための経済的基盤をきちんと確保できれば、これまで地域活動を支えてきた女性たちの強みを活かせる、やりがいのある魅力的な職場になる可能性がある。
　しかし、地域のニーズに応えようとするNPOは、利用者から高額の利用料を得ることは難しく、NPOの自助努力だけで経済的基盤を整えることは難しい。そこで、地域福祉を担うNPOを、行政や企業も一緒に経済的基盤を支える仕組み作りが必要だ。それは、地域福祉を行政・企業・NPOが連携して支える、新しい地域社会づくりにもつながる。そしていずれ、企業や家族に頼る日本型福祉社会から脱却して、人間の生きる基盤である、子育てをはじめとするケアを尊重する社会になる契機となっていくだろう。

＜注＞

1）「二次的依存」とは、経済的な依存が多くの場合に同時に引き起こす、精神的・政

治的・社会的依存と弱体化の状態（Kittay 1999＝2010）。

2）子育てにおける男女平等は、母親の二次的依存の解消のために、さらに父親が職場以外にも居場所を獲得するために重要である（巽 2016、2018）。しかし本稿では、母親の働き方を日本の現状の中で模索し議論するために、あえてこのように問題設定をする。

3）濱口（2011）は、メンバーシップ契約によって、日本の雇用の三種の神器といわれる長期安定雇用・年功序列賃金・企業別組合が可能になったと指摘する。

4）「マミートラック」とは、「出産後の女性社員の配属される職域が限定されたり、昇進・昇格にはあまり縁のないキャリアコースに固定されたりすること」（中野 2015：86）。

5）当事者のアイデンティティや自称が多様であることを踏まえて、「誰」に焦点化するLGBTではなく、「何」を理由とする差別・偏見の問題であるかに焦点化するために、性的指向（Sexual Orientation）と性自認（Gender Identity）の頭文字を合わせたSOGIという略語を使用する動きも出てきている（大阪府立大学 2017）。

6）とはいえ、配偶者が出産する男性社員全員に育児休業を取得させるという日本生命の取り組みは、男性の育児休業取得率が過去最高の2016年度でも全国平均が3.16％（厚生労働省 2016）であることを鑑みると、日本の企業文化を大きく変えていく可能性がある。

7）2002年度に厚生労働省が始めた「つどいの広場事業」は、2007年度に児童館の活用も含めた「地域子育て支援拠点事業」として再編されている。

8）起業における「女性特有の課題」とは、(1)男性に比べてビジネス経験が乏しく、起業相談へのハードルが高い、(2)男性に比べ、キャリアや起業目的が多種多様、(3)身近なロールモデル・相談相手がおらず、孤立しがち、(4)起業に関する情報をネットなどから間接的に入手、(5)仕事と家庭の両立の悩みだとされている（経済産業省 2016）。

9）1団体あたりの平均職員数は、無給職員も含めると16.1人（内閣府 2015）。

10）2000年当時につどいの広場事業を受託したNPOスタッフからの聞き取りによる。

11）スウェーデンにおいて女性が多い職種は、介護職員や就学前学校教諭などの教育や福祉サービス関連であり、それらは同時に、平均賃金が低い職種である（木下 2016）。

＜引用文献＞

大阪府立大学 2017「SOGI（Sexual Orientation and Gender Identity）の多様性と学生生活に関わるガイドライン」.

大沢真理 2013『生活保障のガバナンス ジェンダーとお金の流れで読み解く』有斐閣.

大豆生田啓友 2006『支え合い、育ち合いの子育て支援 —保育所・幼稚園・ひろば型支援施設における子育て支援実践論』関東学院大学出版会.

海妻径子 2012「『男性稼ぎ主』幻想とホモソーシャルの形成」『現代思想』vol. 40(15)：78-90.

木下淑恵 2016「スウェーデンの女性環境」岡澤憲芙・斉藤弥生編著『スウェーデン・モデル グローバリゼーション・揺らぎ・挑戦』彩流社.

Kittay, E. F., 1999, *Love's labor : essays on women, equality, and dependency*, Routledge, New York and London（＝2010 岡野八代・牟田和恵監訳『愛の労働あるいは依存とケアの正義論』白澤社）.

経済産業省 2016「女性起業家等支援ネットワーク構築事業の取組状況について」.

厚生労働省 2016「平成27年度雇用均等基本調査」.

国税庁 2015「平成26年分 民間給与実態統計調査 —調査結果報告—」.

国立社会保障・人口問題研究所 2002『日本の将来推計人口（平成14年1月推計）』.

さかい新事業創造センター 2017「さかい女性起業家支援」
　　http://www.s-cube.biz/index.html（2017/12/03）.

すべての女性が輝く社会づくり本部 2014「すべての女性が輝く政策パッケージ」.

総務省統計局 2011「平成23年 社会生活基本調査」.

多賀太編著 2011『揺らぐサラリーマン生活 —仕事と家庭のはざまで—』ミネルヴァ書房.

武石恵美子 2017「女性の活躍推進と初期キャリアの重要性」『NWEC実践研究 第7号 女性の初期キャリア』国立女性教育会館：6-22.

巽真理子 2016「父親の子育て再考 —ケアとしての子育てと現代日本の男らしさ—」大阪府立大学大学院人間社会学研究科 平成27年度学位論文（未公刊）.

—— 2018『イクメンじゃない「父親の子育て」—現代日本における父親の男らしさと〈ケアとしての子育て〉—』晃洋書房.

中野円佳 2014『「育休世代」のジレンマ 女性活用はなぜ失敗するのか？』光文社.

内閣官房 2014「日本再興戦略 改訂2014 —未来への挑戦—」.

内閣府 2015「平成26年度 特定非営利活動法人及び市民の社会貢献に関する実態調査報告書」.

—— 2017『平成29年版 男女共同参画白書』.

日本IBM 2017「ダイバーシティーへの取り組み」
　　https://www.ibm.com/ibm/responsibility/jp-ja/diverse/index.html（2017/12/03）.

日本経済新聞社 2014「男が変わった日本生命、男性育休取得100％達成」
　　https://style.nikkei.com/article/DGXNASDR12004_T10C14A5TY5000（2017/12/03）.

濱口桂一郎 2011『日本の雇用と労働法』日本経済新聞出版社.

P＆Gジャパン 2017「ニュースリリース『ダイバーシティ時代の"管理職1000人の本音"

調査を実施』」http://jp.pg.com/news/index.jsp（2017/12/06）.

Fineman, Martha Albertson, 1995, *The Neutered Mother, The Sexual Family: And Other Twentieth Century Tragedies*, Taylor＆Francis Books.（＝2003 上野千鶴子監訳 速水葉子・穐田信子訳『家族、積みすぎた方舟 ポスト平等主義のフェミニズム法理論』学陽書房.）

麓麗子・日経BPヒット総合研究所 2016『女性活躍の教科書 明日からできる「輝く会社の人材戦略」』日経BP社.

宮坂靖子 2008「育児の歴史 父親・母親をめぐる育児戦略」『男の育児・女の育児 ―家族社会学からのアプローチ』大和礼子・斧出節子・木脇奈智子編 昭和堂：25-44.

リクルートホールディングス 2014「プレスリリース 2015年トレンド予測を発表」http://www.recruit.jp/news_data/release/pdf/20141217_01.pdf（2017/11/27）

第2章
主婦の起業と「共同性」

(梅田直美)

1. はじめに

　本章では、子育て期の主婦が自宅あるいは近隣地域において個人で起業した事例を取り上げ、その実践を通じて生み出されるつながりと、そこに見出せる「共同性」の様相を描き出すことで、「共同性」とは何か、という問いについて考える一助としたい。なお、本章は、筆者が2010年から2017年にかけて取り組んできた調査研究成果の一部をもとにしている。

　近年、ダイバーシティの尊重、女性活躍推進、地域の課題解決、育児の孤立の解消などを目的として女性起業家を支援する制度が整備されつつある。マスメディアでは、法人を立ち上げて事業を展開する起業事例だけでなく、「プチ起業」「趣味起業」「おうち起業」といった、主婦が自宅あるいは近隣で、個人事業として起業した事例への注目が高まっている。

　子育て期の主婦の起業は、ケアのための時間や家族と一緒に過ごす時間を確保しながらも、自らのやりたい仕事を手がけ、従来の枠組みに捉われない自由な働き方を実現させうるという点で、可能性を持つものである。また、その業種にかかわらず、地域・社会の課題に対応する事業につながっていることが多い。一方で、子育て期の主婦の多くは、起業という手段を選択しなければ自らが望む仕事を続けながら子どもや他の家族と過ごす時間を取ることが出来ない状況に置かれている、ということでもある。結果として起業が地域への貢献につながっているとしても、その背景には、女性の仕事・家庭・地域生活を取り巻く諸問題が依然として残っていることも留意しなければならない。

　以上のように、子育てをしながらの「主婦の起業」をめぐっては特有の可能性と課題が見出せる。以下では、これらの特性をふまえつつ、その「主婦の起業」という実践のなかで子育てをめぐってどのようなつながりと「共同性」が生み出されているかをみていきたい。

2. 「主婦の起業」から生まれるつながりと共同性

　本節では、2つの事例を取り上げ、実際にひとりの女性が、どのような経緯
で主婦となり起業することになったか、また、その実践においてどのようなつ
ながりや「共同性」が見出せるかを詳しくみていきたい。

　取り上げる事例はどちらも、「主婦の起業」の一形態として、近年ブームと
なったハンドメイド商品を扱う事業を経験した事例である。

2−1. A氏の事例
2−1−1. 起業にいたった経緯

　A氏は、自宅でのハンドメイド作品の販売から始め、後に「暮らしの提案」
事業として、様々な暮らしの講座や相談事業を展開すると共に、子育てひろば
など居場所づくりにも取り組んでいる。

　以下、聞き取り調査における語りから、A氏が起業した経緯と、起業後の実
践や意識の変容のプロセスについて記述する。

自宅でハンドメイド雑貨の販売を開始

　A氏は、かつて建築関係の仕事に就いており、結婚・出産後も働き続けるこ
とに迷いを持っていなかった。しかし、子どもが2歳の時に発達障害であるこ
とがわかり、主婦として子どもと向き合う生活を選択したという。

　　　本当は、結婚したときはバリバリキャリア復帰するつもりだったんですね。息子を保
　　育園に預けて、とか思ってたんですけど。でも発達障害だってわかったときに、これは
　　ちょっと、建築の仕事って土日が書き入れ時だったりするんですよ。これは子どもに向
　　き合えないな、って思って。その時は専業主婦の道を、ある程度覚悟して、子どもにかーッ
　　と陶酔して、教育とか、塾とか習い事とか、今にして思えば教育ママだったなあって。
　　幼稚園のときはそうして過ごしてたんですよね。ママ友とか一生懸命つくって。

　　　息子が自分から友達を誘ってくることがないので、自分で、ママ友を作ろうと精を出
　　したり、クラスメイトを全員誘ったりということもしてたんです。

　このようにA氏自らが自宅でママ会などを積極的に開催し、「ママ友」を作る
ことに精を出した。しかし、気負っていた部分もあって疲れてしまっていたと
いう。その後、夫の赴任先に引っ越しをし、その引っ越し先で起業することになっ
た。初めは、起業という形ではなく、自宅を使って何かをしたいと思っていた。
近隣でハンドメイド作品を作っている人が多かったため、ハンドメイド雑貨の

お店をしてはどうかと母親つながりの人から提案があった。そこでハンドメイド品の販売を自宅で始めたところ、大盛況となったという。その時の意識については、A氏は以下のように「気分転換」という言葉を用いて説明している。

　　なんでしょうね、なんかこう、子どものそれもいいんだけど自分の気分転換みたいなのがなんか欲しかったのかなあ。

「暮らしの提案」事業への転換

　顧客が増えるに伴い、開催頻度も増した。初めは、月1回の開催であったが最後は週2回にまでなっていた。ハンドメイド作品を提供する作家の人数も増え、50人近いハンドメイド作家の作品を扱っていたこともあるという。

　徐々に普段から親しいわけではない人や遠方の作家なども増えた。作家同士のつながりが広がることや扱う商品が充実するという意義はあるものの、一方で、関係性の維持や商品管理などの負担も増していった。そのような状況の中で、自分が本当にやりたいことは何かを考え、「やりがいのある仕事」を、自宅での起業という形で実践していくことにしたという。

　　そうやっていくうちにだんだん人数があふれていって、自分の中では趣味が趣味でなくなっていったっていう感じで。そこで、やめるか、ちゃんとするか、みたいな自分の中では岐路があったんですよね。
　　作家さんの中にも思いの差があって、「趣味でいいじゃん」と言う人もいれば、「ちゃんとすべきだ」という人もいろいろいて、人数多いと、クラスのママにもいろいろな人がいるように。そんなことも経て、一回リセットして。
　　でも、そのときには既に、自分のなかではやりがいのある仕事がしたいという思いがあって、でも息子のこともあるので、自分の時間の中でやるには、サラリーマンじゃなくて、起業という形がいいんだろうっていうのと、自宅をメインにしてやる仕事だったら、息子に何かあったときに駆けつけることができるし、とか、そんなこともあって、そういうこと考え出して。で、起業を考えたときには、私もともとハンドメイドやりかたかったんだろうか、何がやりたかったんだろうって立ち戻って考えたんです。

　このように本当にやりたいことは何かを考えた時、それは暮らしの提案だと気づいた。以前に建築の仕事をしていた時にも、顧客の人生を聞いて何かをつくりあげることにやり甲斐を感じていたので、自宅で始める事業でも、そうした提案ができないものかと考えた。それが、後に暮らしの講座事業を始めたきっかけであったという。

講座も、最初はハンドメイド作家を講師として招く「ママ友」のつながりを基盤としたものが多かった。しかし、次第に、起業のプロセスを通じて出会った講師を招いての講座を開催するようになり、近隣の「ママ友」つながりを基盤とした講座の機会は減少していった。

趣味から社会貢献へ

その後、趣味というよりも、「社会貢献」をしているような意識に変化した。今後は、自身の経験を生かして、子どものことで悩んでいる母親を対象とし、精神的な相談や提案などをしていきたいという思いを、A氏は以下のように語っている。

> 最近は単なる趣味というよりは、ちょっとした社会貢献をしているような感じ。いいものを広げていきたいとか、自分の意識も、そうだんだんと変遷していってしまっているんですよね。（中略）
>
> やっぱり、子どものことだけになっちゃうと、子どもがすべて、みたいな自分が、子どもがうまくいかなかったときに自分もイライラして子どもに当たって、そういう自分が嫌だったんですよね。
>
> 子どもは子どもの人生があって、自分には自分の人生あってって考えるようにして、子どもにタッチしないようにしたんですよね。二年生から普通クラスに入れたりもしてて、もうクラスメイトみんなに任せちゃってて。その方がすごい子どもも成長してくれたとか、そういう発見もあったので。
>
> だから、お子さんで悩んでる人ほど、お子さんから離れたほうがいいんじゃないかって。そういう人こそ、ママの誹謗中傷で悩む人がいるんですけど、私はそれは逆だと思っていて。そういう殻をね。そういう人のうわさとか、そういうのを気にしなくなるほうがいいっていうか、純粋に自分のやりたいことだけを考えて、やればっていうのが。本当にここ1年くらいのことですね、それに気づいたのは。

また、自分が起業したきっかけは、子どもが発達障害であったことであったため、発達障害をテーマとした講座も開催していきたいと考えているという。

2-1-2. 実践を通じて生み出されるつながりと共同性

以上、A氏が起業するに至った経緯と、その実践の概要をみてきた。では、こうした実践のなかで、A氏を取り巻いてはどのようなつながりや共同性が形成されていたであろうか。

A氏は、起業してよかったことは、「ママ友」だけでは知りえない世界でつながりが広がり、自分の考えや視野が広がったことであると述べている。

やっぱり、つながりができてよかったっていうか、ママ友達だけでは知りえない世界
とか、自分の考えや視野が広がったっていうのが一番大きい。子どもの療育に関しても、
いまそういう人とつながり始めていて、去年の秋から集まり、ここでそういう会を始め
たことで、たぶん、自分がママとしてだけだと知りえなかった人とつながれたっていう
こともあるので、仕事のみならず、自分の、こう、プライベートの部分でも恩恵はあっ
たりしたなあって思いますね。

　また、A氏は、初めは近隣の「ママ友」つながりを基盤としたハンドメイド
雑貨の販売事業をしていたが、後に、自身の専門性をいかした暮らしの提案事
業へと切り替えた。その事業の転換によっても、つながりはかなり変化したと
捉え、それぞれに異なる価値を見出している。では、その「つながり」はA氏
にとってどのようなものであったか。引き続きA氏の語りから、詳しくみてい
きたい。

「近隣のママ友つながり」から「起業つながり」へ

　ハンドメイド作品の販売をしていた頃も、その後も、基本は子育て世代の母
親同士のつながりであった。ただし、同じ母親同士のつながりといっても、ハ
ンドメイド作品の販売をしていた時と、暮らしの講座に切り替えてからでは、
その層や性質はかなり変化したという。

　　基本ベースがママっていうことには変わりはないんですよね。ただ、仕事ぬきの、近
　所だからとか、幼稚園だからとかでつながってる友達と、仕事を通して繋がっている友
　達とは、同じママでも、そこは全然違うっていうのはあるかな。考え方の違いというか、
　子どもと仕事ということに関しての考え方とか。
　　例えば、子どもを預けることに関しての考え方とかね。仕事をするために子どもに留
　守番させることを親としてどう思うかとか。その程度ですよね。それは何歳からならい
　いか、とか。正しい答えがあるわけじゃないですけど、仕事をすればする程、どうしたっ
　て、家族に負担をかけたり、協力してもらったりとか、自営業だったり、色々事情はあ
　ると思うんですけど、子どもが可哀想、可哀想だけ考えると、できる仕事も限られてく
　るし、とか。
　　逆に、仕事をしている人から考えるとね、そんなことで仕事ができないなら最初から
　仕事なんてするな、くらいの人もいますしね。そんな甘っちょろい世界じゃないとか。
　そういう人もいますしね。自分はそこまでの人間か？というと、私はそこまでではない
　んですよ。もっとお金を稼ぐことを考えたら、ここでやるより外に出てとか、土日もと
　か、経験の建築士の仕事を生かすなど、やりようはいくらでもあると思うんですけど。
　しかし自分はそれを選択していなかったというところで、自分の立ち位置は、趣味でな
　んでもオッケーという風にも思っていなくて。こじんまりと時間も限られた中でやって

いるという中でも、仕事としてのプライドというものは持っていて、そういうところを共感できる人と、仕事ではつながれる。共感できない人とはつながらなくてもいいことで。けど、普通のママ友とはそういうわけにはいかない、とか。そういう違いがいちばん大きいのかなという気がしますね。

だから、自分も、仕事でつながっている人は、自分も話していて楽しいし、人生観や子育てに関して大事にしていることとかも、わかる、ということが多いんですよね。ママ友達だと、逆に、ああそこは、っていうのがあるから。それに、起業の人には、本音でいいことも悪いことも言ってくれる人が多いんですよね。やっぱり、一緒に成功しようと思っているから、ダメなところもお互い言える関係で、それが一番いいと思うんですよね。

身近な人とのつながりは、問題があった場合も絶ち切ることができない。そう考えると、事業を切り替えてからのほうがうまくいっていると感じているという。

暮らしの講座に切り替えてからは、小学校高学年から大学生・社会人の子どもを持つ主婦ともつながれるようになった。大人向け講座は金額も上がるため、子どもが成長して時間的にも経済的にも余裕のある方やお仕事をされている方が多くなった。また、講座に切り替えてからは、近隣の人ばかりでなく、遠方からも来られるようになった。

療育つながり形成への意欲

A氏は、初めて発達障害という名前をつけて講座をしてみたところ、感動してくれた人がいて、この上ないやり甲斐を感じたという。療育の場に顔を出すと、暗い顔をしている人がおり、そういう人たちに来て欲しい、そういう人たちとつながりたいと、療育に関する講座を始めた。

療育に関しての講座は2人で行い、もう一人の講師も子どもが障害を持っている。

障害が分かったときの心境と今の発達障害に対する心境は全く違うんですよね。その時期のお母さんの悩みが手に取るように分かるので、2人でこのタイトルをつけることにして。この講座自体は、自分たちが勉強して学んでそれを指導する療育とかいう感じではなく、自分たちの経験談をお伝えしながら皆さんの悩みを受け止めるというか。そういう機関やそういう先生たちというのは、通り一遍のことしか言わない人が多いというか。でもそこにはリアルな問題があって、それをクリアしてきた自分たちだからこそ伝えられることがあるよね、と、そういうことをここではやりたいねと。

障害のある子どもを持つ母親は、踏み出して来てくれる人が少ない。こうし

た講座に参加するのは敷居が高いので、そのハードルを下げることが今後の課題であり、一人でも参加者がいれば続けていくことで、少しずつ広がっていけばと考えているという。

「ママ友つながり」を超えて

　土日の講座では、仕事をしている母親や家族連れが多く、父親を連れて来る人もいるという。授乳などの合間に父親とバトンタッチして父親も作品を作り、父親と母親との合作になることもあるそうだ。また、学生対象の講座も開催したいと考えているという。学生と何度か会う機会があり、その学生たちが自分の親とA氏を比べて、A氏は母親っぽくない、こういう母親もいるのだと言っていたという。進路や将来を決めていく学生が将来、親となり、こういう母親でこういう働き方もあるのだということに興味を持ち、学生の時に出会うことのない人生の先輩からのリアルな話も聞ける、そんなニーズもあるのではないか、今の自分たちだからこそ、学生に伝えられることがあるのではないかという考えが出てきたという。

　以上、A氏の語りから、起業するに至った経緯と、その実践に見出せるつながりの様相を概観してきた。建築関係の専門的スキルを有し、結婚・出産後も働き続けることを想定していたA氏にとって、主婦として子どもとだけ向き合う生活ではなく、「自分がやりたいことをやる」ことは、自身がよりよく生きるための実践であった。その「自分がやりたいことをやる」という実践のきっかけとなったのは、子どもと一緒に自分も何か頑張りたいという思いであった。始めに着手した事業は、近隣の「ママ友」からの提案によるハンドメイド作品の販売で、A氏自身も語っているように、「趣味」と「ママ友つながり」の延長として始めたものであったかもしれない。しかし、次第に、その実践において経験した違和感や葛藤がさらなる「自分がやりたいことをやる」ための意欲を生み出し、「趣味」を超えて、キャリアや専門スキルをいかした「仕事」としてのプライドを伴う実践へと発展していった。さらには、その「仕事」が、自身の子育てにおける経験をふまえて、障害のある子どもをもつ親も含めた社会における幅広い層の人々の、よりよく生きることを求める実践に貢献する志向へと変容している。

　こうしたA氏の意識の変化は、内発的であると同時に、実践のプロセスにおいてA氏を取り巻いて生み出されるつながりのあり様と深く関わっている。そのつながりは、時にはA氏にとっての葛藤の要因ともなるが、時には、その直

面した葛藤が、次の段階へと進む要因ともなっている。また、もちろん、ネガティブな側面だけでなく、A氏の実践を支えているのは、A氏を取り巻くつながりと、そこに見出せる「共同性」である。「ムラ的な共同性」と「市民的共同性」との二元でみるならば、A氏がいうところの、近隣の「ママ友」つながりは前者、起業つながりは後者にあてはまるのかもしれない。しかし、この「ママ友」つながりがA氏の起業実践の立ち上がりを支え、また、そのなかで浮き彫りになった子育てや仕事に対する価値観の違いの認識と葛藤が、よりよく生きていくための次の段階に進むための糧となった。「ムラ的な共同性」は、その距離の近さ、逃れられない束縛といった側面を有しているからこそ、その内部での葛藤を顕在化させて、自身の価値観をクリアにし、外部にも目を向けようとする意識を生じさせる。A氏の葛藤は、現在においては、まさに多様な価値観や生き方を肯定する、社会の多数の人に開かれたリベラルな「市民的共同性」を生み出す実践とみることが出来るが、その実践の基盤となったのは、近隣の「ママ友」つながりにおける、同じ地域で、同じ年頃の子どもを持つ母親としての「共同性」であったといえる。

2−2. Ｂ氏の事例

　続けて、前節と同様に、聞き取り調査から得られた語りのデータをもとに、Ｂ氏の事例についてみていきたい。Ｂ氏は、近隣の空き店舗を借りて、子ども服・雑貨を販売すると共に、様々なワークショップを開いていた。後に、実店舗は閉鎖してネット販売へと事業形態を転換した。

2−2−1. 起業にいたった経緯
孤独な子育て生活と「働きたい」という意欲の増大

　Ｂ氏は、アパレル業界のある企業で働いていた。しかし、結婚後は仕事がハードだと感じるようになり退社した。そこで働いていた時から、いずれは自分一人でお店をしたいという気持ちが芽生えていた。また、その頃から子供服を扱いたいと考えるようになり、その後子供服専門店で販売員として、第一子の妊娠中まで働いた。

　出産後は主婦となり、二人目を出産した。その後の孤独な子育ての生活は社会に出ている時とのギャップが激しく、「働きたい」という気持ちが強くなっていったという。

第2章　主婦の起業と「共同性」　*25*

　　子育てって結構孤独なんですよね。私も特にここに引っ越してきてから子どもができ
　　たんですけど、それまでずっと仕事してて家にいないような生活をしてたんで、子ども
　　ができてからずっと家にいるとすごい孤独で、近所に同じぐらいの子がいる友達ってい
　　うのもいなくて、ずっと仲いい友達は近くにいないし、働いてるとかそういう感じなの
　　で、孤独で、社会に出てるときとギャップが激しすぎて、すごく働きたいという気持ち
　　が強くなってきたんですね。サークルとかにいったりもしたんですけど、なんかなじめ
　　なくて、なんか違うかなと思う自分がいて。私は家で子育てを楽しめるタイプじゃなく
　　て、社会に出てこそっていう感じだったので。

　このように「働きたい」という気持ちが強くなったことから、最初は百貨店
でパートタイマーとして働き始めた。しかし、アパレル業界は土日出勤が必要
であることから、2人目が生まれてからはどこかで働くという選択は無理だと
感じ、やはり自分でお店をしようと思うに至ったという。その起業時の意識を
B氏は次のように述べている。

　　もう、二人を預けてどこかで働かせてもらうっていうのは考えなかったんです。無理
　　じゃないですか、時間的にも。私がやりたい仕事って土日出てくださいって言われる
　　し。それならいっそ自分でお店をやって、はなから日曜はお休みにして、できるんじゃ
　　ないかって考えて。5時ちょうどに帰らないとお迎え間に合わないんですっていっても、
　　やっぱりお客さんいたら五時半ぐらいになってしまうとか。そういうことに応えられな
　　いって私もわかったから、やっぱり子供がいてると、こういう形でしか、したいことが
　　できないかなって思ったんです。

子ども服のお店の開業

　ある日、商店街のあるお店で、店主が起業するまでのいきさつを聞き、それ
から自分で空き店舗を探し始めた。子どもを抱きながらいろいろ見て回るうち
に、どうしても開店したい気持ちになった。その後、資金面も含め書類の作成
や準備をし、開店するに至った。

　開店後、試行錯誤しながら進めていたものの、次第に店舗の在庫が動かない
ようになり、自分でホームページを作って出店するなど模索していたという。
そのような折に、顧客からハンドメイドの物を紹介され、少しずつお店に置き
だした。それならば買い取らなくてもよいし委託で売れた分だけ払えばいい。
徐々にハンドメイドに移行し、作家のものだけを扱うようになった。イベント
も開催し、自分のものを売りたいと考えた人々が手伝ってくれてワークショッ
プを行った。

事業継続上の困難と事業形態の変更

　しかし、子どもが2人とも小学生になると、それまでのように働けなくなると懸念するようになった。小学校ではPTA役員がまわってくることもあり、学校行事も平日昼間にある。その度に店を閉めるのはどうかと考えた。顧客に対しても申し訳なく、子どもたちのためにも学校行事には出来るだけ行ってあげたい。下の子どもの様子からも、もっと一緒にいたほうがいいのではないかと考えた。また、同じ頃、自分に病気が見つかり、一度休まないといけないのではないかと思ったという。作家の管理も大変になってきていた。

　また、経営難で、このままでは店舗を閉めざるを得ない状況にも直面していた。そこで、勇気をもって店を手放し、代わりにネットショップとイベントだけで、子どものペースにあわせて出来るスタイルに変えていってはどうか、それならば細く長く続けられるのではないかと考えたという。

　その後、ネットショップを基本とし、イベントは、開催時だけ近隣のカフェなどを借りて行うこととした。顧客でどうしても作品が見たいという人は、自宅の一室に商品を並べた部屋を作って見に来てもらい販売につなげることとした。

帽子屋への就職と閉店

　しかし、場所を借りて実施するも宙に浮いた感覚を持っている時に、作るほうにも興味を持つようになった。子どもも成長し、時間的余裕もできた。そこで、週に2、3日、社長がこだわりを持って良い商品をつくっている帽子屋で働くことにしたという。

　一方で、ネットショップとイベントはやめることにした。作家の子どもも大きくなって働きだし、それまでの主な顧客であった作家の友人も子どもが大きくなったため、子ども服を買いに来なくなった。新しく顧客になりそうな若い母親とは、ジャンルが変わってきているような気がして、これまでのハンドメイド作品では古いと思うようになり、売りたいものが分からなくなってきた。インスタグラムも流行りだし、魅せ方が上手い人の作品が売れる時代になってきたこともあり、自分の仕事は不要ではないかと考えるようになった。そこで、もう終わりにしようと考え、帽子屋の仕事に集中することになったという。

2-2-2. 実践を通じて生み出されるつながりと共同性

　以上、B氏が起業するに至った経緯とその実践の概要をみてきた。では、こうした実践の中でどのようなつながりや共同性が形成されてきたであろうか。

子ども服の店での顧客とのつながり

　日常的に、来店した顧客とのコミュニケーションの中で子育ての相談を受けることもあり、子どもを連れて2時間ほど話して帰る人もいたという。

　　こういう店をやってると、子供服なので、お客さんも子供いる人が多くって、例えばうちのお兄ちゃんなんか、2歳8か月までおっぱい飲んでたんですけど、なかなか断乳できなくて悩んでる人とかでも、「うちなんか、3歳近くまでおっぱい飲んでたよ」って、買い物に来てるんだけど、ちょっと子育ての話ができたりとか、そうして気分転換して帰ってもらえたらいいと思って。ここは公園が近いので、ここに来て、「公園ママみたいなのに入れないんです、なじめなくって、うちの子もなじめないし」みたいな人が。「うちもそうでしたよ」みたいな話をすると、すごい「私だけじゃないんだ」みたいな。うちはそういうお客さんが多いんですけど、お店でかわいいものを売ってるだけじゃなくて、子育てママの先輩として、身近な友達の感じで、話して帰ってもらうだけでもいいなと思って。そういうので、最近はここでリースをつくったりとか、作家さんのワークショップとか、開いたら、やっぱりみんな赤ちゃんいる人が参加したいっていうんですよね。おしゃれな雑貨屋さんのワークショップだと、子供連れとかダメなんですけど、ここはいいですよっていったら、すごい喜んで、二人連れて来る人いるし。作家さんが教えてる間に、私が子守りして。

　実店舗があったころは季節ごとの間隔でそれぞれテーマを決めてイベントを行い、縁のある作家に、編み物のワークショップやリースづくり、カメラの撮影ワークショップなどをお願いしていたという。

作家とのつながり

　B氏は、顧客だけでなく、作家とのつながりも楽しかったと述べる。子どもがいて学校も近い作家も多く、地域の知り合いが増えた。イベント時などにスカウトした作家のなかには、遠方の作家や、もともと作家として活動していた人もいた。しかし、作家の主要メンバーはほぼ市内在住であった。その中には、もともと作家として活動していたわけではなく実際に作った洋服などを子どもに着せて来店した際に「こんなの欲しいな〜作れる？」と呼びかけたことによって、作家として活動し始めた人もいた。また、ハンドメイドを置いている店があると噂に聞き、自分の作品を置いてくれませんか、と言って来た人もいたという。

　しかし、次第に作家との関係も大変になってきたという。どの作家も平等にしたにもかかわらず、ひいきをしていると思われることもあった。様々な状況の作家の人を相手としていることに負担を感じるようになった。職場でもあるし、人が集まるところはどこに行ってもそうかもしれないとB氏は述べる。

以上が、B氏の、起業するに至った経緯と、その実践のプロセスに見出せる
つながりの様相である。

　B氏は、子育てをしながら自由な働き方をするため、自分がやりたいことを
実現させるために起業した。アパレル業界でのキャリアを活かし、好きな子供
服を扱いたいということ、子どもを育てながら自分がやりたいことをするため
には自分で店を出すしか選択肢がなかったことにより店を出すに至った。

　起業にあたっては、「自分がやりたいことをやる」ということを目標として
おり、特に始めから地域のために貢献したいという思いが前面にあったわけで
はない。しかし、結果的に、地域における「ゆるい」つながりの拠点のひとつ
となっていたことがうかがえる。B氏が語っているエピソードにもあるよう
に、顧客として来店した人が抱える子育てに関することや自身が生きていくう
えでの困りごとや悩みを、買い物のついでとして店主に気軽に話し、店主は自
身の経験をふまえて対応し、その悩みを分かち合う。そこには、「相談」「支援」
「交流」といった概念にもとづく何かが事前に意識されているわけではない。
また、そこには、店主と顧客の一時的な、場合によってはふらっと寄った程度
の偶発的な関係しか無いかもしれない。しかし、顧客が親である場合、店に立
ち寄ったその一時の関係性のなかで、自身の子どもをよりよく育てていくこと、
自身がよりよく生きていくことを志向するという、「ゆるい」共通の目標や価
値が浮かび上がる。そうした、一時的な「ゆるい共同性」ともいえるものが、
B氏の実践のなかで生み出されているのではないだろうか。

　筆者は、これまで「育児の孤立」に関する研究のなかで、子育て支援策の
ひとつとして取り組まれてきた全戸訪問事業や、「つどいの広場」「育児サー
クル」といった「相談」「交流」を目的とした実践において、「支援される者」
として位置付けられることに抵抗を感じる人が存在することを指摘してきた。
そうした問題意識から、支援者／被支援者の関係とは異なる形での、育児の孤
立に対応しうる「共同性」の形とはどのようなものがありうるかを考えてきた。
特に、働き続けたかったが、出産や育児など何らかの事情により専業主婦とな
り、子どもとだけ向き合う生活のなかで困惑や葛藤を抱えている女性が、それ
らの困惑や葛藤に対し、いかにしてよりよく生きるための実践へと向かうこ
とが可能か、そのことを考えていくためのひとつの手がかりとして、「共同性」
に焦点を当てた。B氏の実践に見出せる、店主／顧客としての一時的・偶発的
に形成される「ゆるい共同性」は、そうした支援／被支援の関係とは異なる価
値と可能性を持つものといえるのではないだろうか。

第2章　主婦の起業と「共同性」　*29*

　一方で、作家とのつながりに対しては、B氏は、振り返って楽しかったとは
いいながらも、比較的ネガティブな価値を見出している。作家との関係のなか
での気遣いの負担は、B氏が閉店に至った原因のひとつとも認識されている。
しかし、B氏自身も人が集まるところはどこも同じであるだろうと語っている
ように、関係性における摩擦、価値観の対立、他者理解の不可能性といったこ
とは、人が共同で何かを営もうとする上では避けて通れない。A氏も、ハンド
メイド作家のつながりにおけるネガティブな価値について言及していたが、近
隣の母親同士のつながりを基盤として展開されるハンドメイド作品の販売とい
う事業は、「趣味」と「仕事」、「近隣の友人」と「仕事の取引相手」、「自宅」と
「職場」といった境界が曖昧な状況のなかで営まれる事業であり、だからこそ、
そのなかでは価値観の対立や他者理解の不可能性が際立つのかもしれない。そ
して、そこで顕在化される困惑や葛藤こそが、また次の実践への足がかりとなっ
ていくのであろう。

3．おわりに

　本章では、2つの事例をもとに、「主婦の起業」という実践のなかで形成さ
れるつながりと共同性について検討、考察してきた。
　起業のプロセスとして共通して見出せることは、どちらも、日常生活におい
て自身が直面した困難や葛藤が、常に、次の展開の出発点となってきたことで
ある。A氏は、自身が専業主婦となるとは考えていなかったが、子どもの障害
に気付き、主婦として生きていくことを選択した。その主婦としての生活のな
かで、子どもと一緒に頑張りたいと考え、何かをしたいと着手したのが自宅で
の「ママ友」つながりを基盤としたハンドメイド雑貨の販売であった。しかし、
その販売事業を営むなかで、そのつながりにおける納得のいかなさ、困惑、葛
藤に直面し、「自分がやりたいこと」は何かを考え、他の事業に切り替えた。
B氏は、アパレル業界で働いていた時から、いつかは自分の店を開きたいと考
えてはいたが、起業の決意を後押ししたのは、専業主婦としての孤独な子育て
生活における困惑と、子育てをしながら「自分がやりたいことをやる」ことの
困難さであった。その困惑や困難を乗り越えるための手段として、起業するこ
とが最善であると考え、子どもを抱きながら空き店舗を探し、保育所を探し、
開店を実現化させた。しかし、経営の難しさ、作家たちとの関係のなかでの負
担などに直面し、実店舗を閉めて、ネット店舗へと事業スタイルを変更した。

その後も、試行錯誤し、自身が面白いと思える職場をみつけて働くに至った。この2つの事例における困難や葛藤は、固定的な性別役割分業規範という日本社会に根強く残るジェンダー規範、子育てしながら働くための環境の不備から生じているところが大きく、その点については、そうした規範を除いていくことや社会が環境を整備することが重要であることは言うまでもない。また、先述のとおり、近隣のママ友つながりを基盤とした、「仕事」と「趣味」、「自宅」と「職場」、「近隣の友人」と「仕事の取引相手」などの境界が曖昧で、価値感の対立が顕在化した状況の上に成り立つ、共同性にもとづく関係の問題性に起因しているところも大きく、この問題に対してはさらなる実態把握と検討が必要であろう。それをふまえた上で、A氏、B氏ともに、直面した困難や葛藤は、ネガティブなものとして終わることなく、次の展開へのポジティブな契機となっているといえよう。A氏、B氏ともに、「自分がやりたいこと」をすることを阻害する、様々な困難や葛藤が、自身がよりよく生きていくための実践の意志を強める方向に働いたのである。

　また、この2つの事例で共通していることは、その実践の糧となった困惑や葛藤は、実践のプロセスにおいて形成される様々なつながりと共同性のなかで、異なる価値観との対立や他者理解の不可能性という形で、クリアに認識されるようになったということである。先に述べたように、主婦として子どもとだけ向き合う生活において、孤立／孤独な状況に陥り困惑、葛藤を抱えている女性に対し、支援／被支援という関係ではない形での対応の可能性として「共同性」を考えるとき、いわゆる「公園デビュー」などに表されるような子育て期の母親同士の「ムラ的な共同性」から脱却した、一時的・偶発的なつながりでありながら、子どもをよりよく育てること、自身がよりよく生きていくこと、という志向を共有する「ゆるい共同性」が、ひとつの可能性を持つものとなるだろう。A氏の事例における「くらしの講座」を通じて形成されるつながりや共同性、B氏の事例における店主と顧客の関係のなかで生まれるつながりや共同性がそれにあてはまると考えられる。また、これとは異なる方向で、可能性を見出しうるのは、一見、問題を孕むネガティブなものに捉えられる、ハンドメイド作家のつながりのような同様の立場のようでありながら異なる価値感の人々によって生み出される共同性である。A氏、B氏の事例どちらにおいても、作家のつながりは、事業を中心に営む人にとって、困惑や葛藤の要因となるものであった。先述のように、近隣の友人でもある母親同士のつながりを基盤とした、「仕事」と「趣味」、「自宅」と「職場」、「近隣の友人」と「仕事の取引相手」

などの境界が曖昧な状況の上に成り立つ共同性は、互いの価値観の衝突や他者理解の不可能性をクリアにするものとなっていた。しかし、本章で取り上げた事例では、こうしたつながりにおける摩擦によってクリアになった問題意識の上に、仕事に対する考えや、子どもの障害についての考えなど、何らかの共通の価値意識や目的を持ち、共に何らかの営みを行おうとする、内部／外部を超えた広い世界の人々との「共同性」への志向が形成されている。主婦であること、母親であること、女性であること、子育てをしていることといった属性による境界の内部／外部を超えて、このように志向された「共同性」こそ、「市民的共同性」の礎になりうるものとみることが出来るのではないだろうか。

<文献>

梅田直美、2011、『（財団法人地域生活研究所研究助成報告書）子育て期の女性によるビジネス展開の可能性』

第3章
障害のある子どもを含めた子育てコミュニティ創出の試み
（木曽陽子）

　本章では、兵庫県尼崎市で活動を行っているNPO法人IPPO（以下、IPPOとする）の取り組みを紹介し、障害のある子どもを含めた子育てコミュニティ創出の試みについて考察する。

　以下では、まず地域における障害児に対する福祉サービスの現状を整理する。次に、IPPOの概要や活動内容、職員と利用者の保護者の実際の声からIPPOの特徴について述べる。最後にこれらをふまえてソーシャルビジネスの可能性と課題について考察を加える。

1．地域における障害児への福祉サービスの現状

　現在、地域における障害児への福祉サービスとしては、児童福祉法に規定されている児童発達支援と放課後等デイサービスの2つが挙げられる。これらは平成24年の児童福祉法改正時に、障害児支援の強化のために再整理されたものである。

　児童発達支援は、主に未就学児を対象としている。児童発達支援には、地域の身近な場所としての児童発達支援事業所と、地域の中核的な療育支援施設としての児童発達支援センターがあり、どちらも地域で生活する障害児とその家族に対して療育や相談を行っている。具体的な事業内容は、日常生活における基本的な動作の指導、知識技能の付与、集団生活への適応訓練、その他の必要な支援を行うものとされている。

　放課後等デイサービスは、就学後の児童を対象としており、授業の終了後又は学校の休業日に、生活能力の向上のために必要な訓練、社会との交流の促進その他の必要な支援を行うものとされている。これは平成24年度に新規事業として加わったもので、平成28年度までの4年間で実施事業所数が4倍近く増え、利用児童数も急増している。

　地域に障害児の居場所が増えることは、障害児にとっても家族にとっても望ましいことである。しかし、放課後等デイサービスの急増はある意味でソーシャルインクルージョンとは逆行する流れ（障害児と健常児を分離するような流れ）でもある。なぜなら放課後等デイサービスが増えることで、障害児は放課後等

デイサービスを利用し、健常児は放課後児童クラブといったいわゆる学童保育を利用する流れになりやすいからである。ただ現実問題として、放課後児童クラブは支援員の数も十分ではなく、障害児への適切な配慮ができない場合があり、障害児やその家族にとっては、一人ひとりの特性に合わせた支援が行いやすい放課後等デイサービスのほうが安心できるとも考えられる。しかし、本書のテーマの1つである"子育てコミュニティ"という視点から考えると、上述の流れは障害の有無による分離の上で成り立つ子育てコミュニティであり、すべての子どもやその家族を受け入れる子育てコミュニティの創出からは遠ざかっているように見える。

　そのほか、障害児者の余暇支援にあたるサービスとしては障害者総合支援法にもとづく移動支援事業がある。これは、屋外での移動が困難な障害者等について、外出のための支援を行うことにより、地域における自立生活及び社会参加を促すことを目的としたもので、社会生活上必要不可欠な外出及び余暇活動等の社会参加のための外出の際の移動を支援するものである。こちらは、就学後の障害児から成人した障害者まで幅広い年代の障害児者が利用できる。障害のない子どもであれば、成長とともに友達と外出したり、一人で外出したりすることができるが、障害児者の場合難しいことも多い。そうした場合でも、移動支援を利用することで余暇活動を行うことができるようになっている。

　上述の通り、平成24年に改正された児童福祉法においては、地域で暮らす障害児への公的サービスが整理され、サービスを実施する事業所等は増加傾向にある。また、障害者総合支援法にもとづく移動支援によって障害児者の余暇活動を支援するサービスも一定整備されている。しかし、障害児者の余暇の充実や、障害児も含めたすべての子どもとその家族が子育てしやすいコミュニティの創出という点では、これらの公的なサービスでは十分ではない。そこで、以下では障害のある子どももない子どもも対象として様々な活動を展開するIPPOの取り組みを紹介し、障害児者を含めたコミュニティ創出の試みについて考察を行う。

2．事例：NPO法人IPPO

　ここではIPPOが作成しているパンフレットや会報、アートスペースIPPOでのフィールドワーク、職員と利用者の保護者へのインタビューから得た情報を整理し、IPPOの特徴を述べる。

（1）データ収集の概要

　2017年8月にアートスペースIPPOの月1アトリエに参加し、参与観察を行った。その際に、IPPOに関連するパンフレットや会報などを収集した。また2017年9月に職員とアートスペースIPPOを利用する障害児の保護者に対してインタビューを実施した。職員には個別インタビューを、保護者4名に対してはグループインタビューを、それぞれ1回1時間程度行った。職員へのインタビューでは、①活動を始めた経緯から現在に至るまでの流れ、②現在の活動内容、③活動による変化や影響（職員自身、利用者、地域の親子、コミュニティなど）、④ソーシャルビジネスとしての課題の4点を中心に伺った。同様に、利用者の保護者へは、①利用するようになった経緯や利用しようと思った理由・きっかけ、②利用する頻度や保護者自身のIPPOへの関わり方、③活動による変化や影響（自分自身、子どもや家族、コミュニティなど）、④活動において困っていることや意見・要望などの4点について伺った。

　なお、調査協力者である保護者の子どもの利用期間は、10年以上が2名、3年目が1名、1年目が1名であった。また、4名中3名が障害児だけではなく、障害のないきょうだい児も一緒にIPPOに通っていると回答した。利用のきっかけは、4名中3名が知人やデイサービスの職員などからの紹介で、1名のみきょうだい児が杉の子会の保育園の卒園生で以前利用していたことからという回答であった。

　上記の参与観察とインタビューに際しては、調査の趣旨やデータの取扱いについて事前に口頭と文書で示し、同意書に署名を得てから行った。インタビュー時には答えにくい質問には答えなくていいことを伝え、同意を得てICレコーダーで録音した。なお、職員へはIPPOの活動に関して実名で公表する旨を伝え、公表前に内容を確認の上、許可を得る形で同意を得た。これらの一連の調査に関して、関西国際大学の倫理委員会の承認を得て実施した。

　以下では、上述の方法で得た情報をもとに述べる。また、インタビュー時の語りを引用する場合は、内容が変わらない程度に読みやすいように修正した。

（2）IPPOの概要

　IPPOの活動拠点はいくつかあるが、中心的な場所は兵庫県尼崎市御園にある太陽の子保育園の多目的ホールである。ここは、IPPOの母体である社会福祉法人杉の子会が運営する太陽の子保育園に隣接したホールであり、IPPOの活動拠点の1つ（太陽の子教室）として使用している。そのため、平日の昼間は保育園の子どもたちが使用したり、保育園が実施する子育て支援の場としても活用した

りしている。もともとは近隣の文化住宅2部屋の壁をぶち抜いて広めの一室として使用していたが、老朽化に伴い2017年7月に移転し、新しい建物になった。

太陽の子教室の外観は図1の通りであり、元々コンビニであった建物を改装したため、道路にそって大きな窓が並び、外から中の様子が見える造りになっている。中はフローリングのフリースペースになっており、用途に応じてテーブルを出したり片づけたりしながら使用している（図2）。窓側には一面にベンチ兼収納があり、柱と柱の間には絵本棚が備え付けられ、貸し出し用の絵本が多数収納されている（図3）。入口入って左手には、事務所スペースと畳の部屋がある（図4）。この畳の部屋はフリースペースとは区切られているため、フリースペースで活動をしている際に、畳の部屋で別の活動を同時に行うこともできる。さらに、畳の部屋の前のスペースにはキッチンも完備されており、移転後新たにパン教室などの活動を始めている。

図1　IPPO（太陽の子教室）の外観

図2　広いフリースペース

図3　窓側のベンチ兼収納と絵本棚

図4　事務所スペース（左）と畳の部屋（右）

この太陽の子教室以外にも、社会福祉法人杉の子会の運営する杉の子保育園の分室（杉の子教室）や、けま太陽の子保育園内の一室を活動拠点として使用している。

（3）IPPO誕生の経緯

　IPPOは、社会福祉法人杉の子会（以下、杉の子会）を母体とする法人である。杉の子会は、1968年に働き続ける母親が集まって個人の家で共同保育所を開始したことから始まり、1974年に社会福祉法人として認可を受けた。現在は尼崎市内の３つの保育園と、IPPOの活動からうまれた「さんぽ支援センター」という障害福祉サービスの計４つの事業を運営している。この杉の子会のスローガンが「ひとりの声からみんなの明日へ」であり、ここからIPPOが誕生したといえる。

　IPPOは、杉の子会が運営する保育園の障害のある子どもの親の会（虹の会）から生まれた。障害児の保護者の「子どもたちが地域でいきいきといきるための居場所や余暇を楽しむ場がほしい」という願いから2003年にアートスペースIPPOとしてアトリエ活動を始めたのである。このアトリエ活動の講師を担っていたのが、現在IPPOの唯一の常勤職員である福元恵海さん（以下、福元さん）である。当時、福元さんは京都を拠点に子どもたちのアトリエ教室と知的障害の青年に向けたアトリエ教室を行っていた。その時に、先ほどの保護者の声を受けた当時の保育園園長（福元さんの母親）から福元さんに声がかかり、週１回のアトリエ教室を始めた。

　その後、故・曽我部教子さん（以下、曽我部先生）の基金をもとに2005年にNPO法人格を取得し、NPO法人IPPOとなった。この曽我部先生とのつながりもIPPOの設立背景として非常に重要な意味がある。曽我部先生は、もともと尼崎市の中学校の教員であり、福元さんが中学１年のころの担任であった。しかし、福元さんが中学２年の夏休みに曽我部先生は旅行先で気球事故にあい、全身麻痺で介護が必要な状態となった。曽我部先生の「一人暮らしをしたい」という思いを実現するため、高校生になった福元さんをはじめとする教え子がヘルパーのいない夕方から夜の時間帯に交互に夕食等の手伝いに通っていた。当時はまだ障害者の在宅支援の制度が十分ではなく、公的サービスで足りないところを埋める活動を高校生のころからおこなっていたといえる。このことがIPPOの活動にも受け継がれているようにみえる。その後、曽我部先生は体調を崩して亡くなってしまったが、遺言の中に「お金を遺す」とあったことから、生前から曽我部先生が応援していたIPPOで遺産を受けとるために、NPO法人格の取得に踏み切った。こうして、2005年にNPO法人IPPOが誕生した。

第3章　障害のある子どもを含めた子育てコミュニティ創出の試み　*37*

（4）活動内容と展開

　IPPOは、そこに集う利用者や保護者の声を受けて徐々に活動を広げている。利用者や保護者の願いは、毎年実施している「総会」という名の交流会の中で拾い上げ、福元さんがその声を実現できるように年間計画を立てていく。福元さんが提案した計画については、月に1、2回開かれる事務局会議で実施可能性などの検討がなされる。事務局会議には福元さんとIPPOの役員（杉の子会の保育園園長やさんぽ支援センターのセンター長など）が参加し、その中で収支等の確認や新たな活動を精査する仕組みになっている。

　IPPOが活動を開始した2003年から2017年までの活動展開を表1に示す。中心的な活動はアートスペースIPPOというアトリエ教室であるが、パソコン教室や勉強の会など様々な活動を展開しているのが特徴である。以下では、それぞれの活動の設立経緯と活動内容について述べる。

表1　NPO法人IPPOの活動展開

2003年	アートスペースIPPO 太陽の子教室
2005年	アートスペースIPPO 杉の子教室
	NPO法人取得
2009年	パソコン教室
2010年	おもちゃライブラリーSIHO
	みんなの居場所GOHO
2011年	ピアノ教室
	勉強の会roppo
	さんぽ支援センター
2016年	さんぽ支援センターは社会福祉法人杉の子会へ移行

1）アートスペースIPPO

　IPPOの中でも中心的な活動がアートスペースIPPOである。これは、火曜2コース、水曜1コース、木曜2コース（1コース×2か所）、金曜2コースの全7コースあり、各コース月2回のアトリエ教室として実施している。また、土曜日は月1アトリエとして2か所で1コースずつ実施している。対象は5歳児以上とし、年齢の上限はない。また障害の有無も問わないため、登録者の半分程度が障害児（青年含め）、残り半分が障害のない子ども（大人も含む）である。ただ、年齢があがるにつれて、障害のない子どもが減り、障害児者が残っていく傾向にある。現在の登録者数は、100名程度である。

2）パソコン教室

パソコン教室は、登録制で土曜日に実施している。現在の講師は、障害者施設の職員でもあるパソコン好きの40代の方が担っている。もともとはIPPOの「総会」で「パソコン買ったのに、ずっと開けていない」という保護者の声があったことから始まった。当時、パソコンのソフト関連の仕事をしていた福元さんの知人が失業中だったため、その知人に講師を依頼した。このようにIPPO利用者のニーズを拾い上げ、ニーズにこたえられる人材が見つかったときに、新たな事業として展開している。

3）おもちゃライブラリーSIHO

全国組織のおもちゃライブラリーに登録し、月曜と木曜の昼間に場所を開放している。利用に際しては、登録が必要だが利用料は無料である。また毎週水曜日に子育て相談も行っており、こちらは母体である杉の子会の保育園を退職した元保育士が担当している。

4）みんなの居場所GOHO

GOHOもIPPO利用者の保護者の声から始まった事業である。アートスペースIPPOに来ていた障害児がIPPOの日以外は自宅に引きこもっている状況であることを保護者から聞き、その状況を改善するために家以外の居場所として開放する形で始めた。GOHOも登録制であり、現在はさんぽ支援センターの登録ヘルパーがスタッフとして見守りを行っている。また、GOHO送迎というものもあり、障害福祉サービスとしての移動支援では補助が出ない部分の送迎等も行っている。

5）ピアノ教室

ピアノ教室は、土曜日に利用者の希望する場所（太陽の子教室か杉の子教室）で実施している。1日に最大で6～7名の利用者がおり、現在の登録者は13名程度である。マンツーマンの指導であり、障害児者のみならず障害のない小学生も利用している。

この教室は、公立保育園を退職した元保育士の知人が「元気なのに暇だから」、その様子を見かねて福元さんがその知人に「やったら？」と声をかけて始めたということである。このように、福元さんや母体である杉の子会の人脈を生かして、退職後の元気な世代を活用するという仕組みも特徴的である。今後高齢

化が進む社会においては、こうした仕組みが地域の活性化にもつながるだろう。

なお、ピアノの教え方に関しては、「ピアノって普通こんな練習から始まる、それはやめてほしい」「やりたい曲1曲だけマスターできるとか、いろいろその子に合わせてやってほしい」と、一般的な教え方ではなく、個々に応じたやり方を依頼している。これもピアノ教室が長く続いている理由の1つだと考えられる。

6）勉強の会roppo

勉強の会roppoは、火曜と木曜の週2日、太陽の子教室と杉の子教室の2か所でそれぞれ実施している。太陽の子教室では、地域の小学校で支援学級を担当していた退職後の教員3名が担当しており、学習障害、軽度の知的障害、発達障害などをもつ子どもを受け入れている。

杉の子教室はもともと講師1名が小学1～6年生20名の勉強を見ていた。しかし、現在は講師が都合により一時的に離れているため、ボランティアを募って自主的な学習の場として運営している。杉の子教室は、利用者からの要望ではなく、杉の子保育園の保育者の「この在園児の卒園後の様子が見たいから」という要望で始まったという特徴がある。このように母体である杉の子会の保育園の要望によって事業を始める場合もある。保育園側としては、卒園後の成長が気にかかる子どもに対して、卒園と同時に関係を切ってしまうのではなく、継続して見守ることができる場があるというのは大きな利点である。また、子どもや保護者にとっても、就学後も継続してつながり続けられる安心感があるだろう。同じような理由で杉の子会の保育者が卒園児にIPPOの利用を進める場合も多い。

7）さんぽ支援センター

さんぽ支援センターは、障害児者の外出を支援するためのガイドヘルパーの派遣を行っている。この事業は、みんなの居場所GOHOに来ている利用者が外出したいときに外出できるように…と始めたものである。さんぽ支援センターのガイドヘルパーの派遣は障害者総合支援法に位置付けられる事業であるため、自治体からの補助があり、経営的には比較的安定して実施できると考えられる。しかし、2016年にIPPOから社会福祉法人杉の子会に移行したため、IPPOとしては経営上の課題が生じると考えられる。

40

（5）IPPOの活動の意義と課題

　ここでは、主にアートスペースIPPOでの参与観察と、職員と保護者へのインタビュー調査で得られたデータをもとに、IPPOの活動の意義や課題を述べる。

１）障害のある子どもにとってのIPPOの存在意義

　アートスペースIPPOでは、毎回決まったプログラムをしているわけではなく、それぞれが自分のしたい製作活動を行っている。平日は１時間半、土曜日は２時間という時間の中で、その時間をどう過ごすか、どのような活動をするかは人それぞれである。実際に筆者が観察をした際も個人個人でそれぞれやりたいことをやっていた。

　しかし、福元さんは利用者に対して何もしないわけではなく、一人ひとりに応じて製作活動の提案をしたり、適宜声をかけたりしていた。そうした働きかけに応じて製作をはじめ、熱中して取り組んでいる利用者の姿も見られた。

　アートスペースIPPOを利用する子どもの保護者は、障害のあるわが子にとってIPPOが貴重な居場所であるという認識をもっていた。その理由を以下に３点挙げる。

　まず１つ目に、プログラムが決まっておらず、活動を強制されない点が挙げられる。

> 　　（学校も放課後のこどもクラブも）どうしても「これをやりなさい」「あれをしなさい」って、すごいプログラムが決められてて、学校もね、すごく厳しくなってるから、ゆっくりできるところがなかなかなくって、IPPOさんだったらもうゆっくりね、本人がしんどかったらもうぼーっとしててもいいし、自分の好きなことができるっていうか、本人にとっても貴重なところなんだなっていう感じ。（C）

　上記の語りにあるように、無理やり強制されることはなく、決まったプログラムもない点が学校などとは違うIPPOの特徴だと感じている。他の保護者も、子どもがIPPOで何もしない時期もあったが、何もしないことも含めて、子どもにとって自由に過ごせる場であり、自宅以外のくつろげる場であると認識していた。子どもを通わせ始めたばかりの保護者は、せっかく通わせているのだから何かやってほしいと思っていたが、こうした話を聞き、子どもにとって自由に過ごせる場所があることも重要であると感じたと語っていた。

　２つ目は、本人のやりたい活動が制限されずに十分に保障される点である。

第3章　障害のある子どもを含めた子育てコミュニティ創出の試み　*41*

　　やっぱり家やとね、「画用紙ちょうだい」とか言われても、数に限りはあるし、こっ
　　ちがご飯つくってるときに言ってきても、「今、もう出されへんから、もう今はなし」
　　とか、すぐ言っちゃうんですけど、やっぱりここだと、描きたいものを好きな数だけ描
　　かせてくれて、もう本当に自由に、「紙ください」って言ったら紙も先生がくれて、「絵
　　の具したい」って言ったら先生がやらせてくれたりとか、本当に好きなことをさせてく
　　れる場って自分の中でも思ってるみたいなんですよね。(A)

　上記のように、家では子どもの製作活動を保障できるだけの環境が整ってい
ない。特に、Aさんの子どもは一日に何十枚も絵を描き続ける時期があり、家
庭ではそうした子どもの気持ちに応え続けることは難しかったが、IPPOで子
どものやりたい気持ちを満たすことができた。そうしたこともあり、子どもが
IPPOに行くのを嫌がったことはないと話す。
　3つ目に、他者や保護者の干渉が少ないことも挙げられる。活動中は、個々
に自分のしたいことを行っているために、利用者同士のかかわりは少ない。他
者の介入を受けず、自分のペースでできることが障害児にとって安心できる居
場所になっているともいえる。また、保護者も以下のように干渉しないように
している。

　　最初の見学のときに、やっぱりどうしても親がついてきてたら、ちょっと、やっぱり
　　ちょいちょい（口を）出しちゃうんですけど、「もうここは子どもさん自由にさせてあ
　　げてください」っていうのを（スタッフから）逆に言われて（中略）ここはもう親に干
　　渉されないところみたいな感じで、（子どもたちも）「もうお母さん、はやく帰れ」って
　　いう感じですね。(D)

　上記のように、保護者はどうしても子どもの活動に口を出したくなるが、ス
タッフから「子どもたちが自由に活動できるように」と声をかけられ、今では
干渉しないようにしている。結果的に保護者は送り迎えのみの関わりとなり、
IPPOの時間は、保護者が一人で用事を済ませることができる貴重な時間にも
なっている。

2）障害の有無によらないことの意義
　IPPOの特徴の1つは障害のあるなしにかかわらず、希望すればだれでも通
えるところである。そのため、障害のないきょうだい児や保護者自身もともに
通うことができる。また、障害への理解があるため、一般的な習い事に比べる
と障害児を安心して通わせることができる。これについて、保護者は以下のよ

うに語っている。

> やっぱりね、普通の健常の子とか行ってるスクールとか通わすとなると、やっぱりこっちもすごい神経質にね、気を使ったりとか、先生も専門で勉強されてなかったら、「受け入れはしますよ」って言ってくれても、やっぱり対応がね、戸惑ったりとか、そういうことがあるから、やっぱり迷惑かけるんじゃないかなという気持ちがすごくあったんですけど、IPPOさんはそういう面でも、すごく障害に対しても理解してくださってたんで、安心して行かせてもらってます。やっぱり楽しそうなんで、下（障害のない妹）も入りたいって言い出して、うちも最近下が入って、一緒に来て、うちも下が様子を見てくれてて、「ねえねえ（姉）がきょう何してた」とか、報告係みたいなのをして、自分（妹）も楽しみつつやってます。（A）

　今回の調査協力者4名ともきょうだい児も一緒に通っている、もしくは過去に通っていた経緯があり、きょうだい児を一緒に通わせられることの良さを語っていた。放課後等デイサービスなどは、障害のないきょうだいは利用できず、きょうだい児がうらやましがることもある。そのため、きょうだい児が一緒に通える場所としてもIPPOは貴重な場である。

　また、土曜日の月1アトリエでは、障害児の保護者が参加しており、保護者自身も自分の製作活動を楽しんでいた。保護者にとっても、自分自身の楽しみを見つけられる場となっている。

　さらに、以下のようにきょうだい児にとっても大切な居場所になっている場合もある。

> 次男（中学2年）なんですけど、（中略）すごいゲームが好きで、ゲームの話とかをばーっとしたいんだけど、学校の友達とは若干温度差があって、そういうのをちょっと（学校では）出せないのが、IPPOさんでできたお友達とか、入ってもらってるスタッフさんなんかが、「ああ、知ってる、知ってる」とかいう感じで、その話で盛り上がったりとかして、学校の友達とは違う友達関係が何かいいみたいで。（D）

　Dさんの次男は中学2年生になって部活動もしているが、IPPOの日は部活を早く切り上げて通っている。きょうだい児にとっても自分の好きな話を共有できる人と関わることができる場所となっている。

　先述の通り、活動中の利用者同士のかかわりは少ない。しかし、以下のように互いに意識したり影響したりしていると感じられる場面もある。

第3章　障害のある子どもを含めた子育てコミュニティ創出の試み　　**43**

　　全然（利用者同士）交わってないんだけど、やることが次、あの人がちょっと前にやっ
てたなとか、小学生も、障害あるお姉さんとか、作業所から来た（障害のある）人も同
じ時間帯にいたりするんですけど、（障害のある人が）粘土でばーって作ってんのを見
て、ほんとに、すごいなーって人だかりができるとかね。そのときって、別に障害ある
からすごいとかそういうとこじゃなく、ほんとにすごいって思ってるんやなっていうの
が、本人さんにも伝わってるやろうなって、いちいち解説しなくても。（福元さん）

　このように、障害や年齢の垣根を越え、互いの製作活動を見て影響を与えあっ
たり、互いを尊重しあったりすることが自然にできる場となっている。

3）地域とのつながり

　子育てコミュニティ創出という点では、障害児者とその家族が地域の中で受
け入れられることも重要である。しかし、障害児の家族は地域の中で肩身の狭
い思いをしていることが多い。福元さんは、以下のように語っている。

　　前までは、うちのアトリエでできた作品を額装して、地域の喫茶店とかに飾りに行か
せてもらってたんですよ、うちの事業として、無料で。（中略）2カ月ぐらい飾らして
もらうので、飾ってるから行ってきてくださいねってお手紙を（利用者の保護者にも）
出すんですけど、（手紙を）もらったあるお母さんが、「ずっと地元に住んでるけど、初
めて（地域のイタリアンのお店に）行きました」って言って、やっぱりぷらっと子ども
連れていけないんですよね。自分の子どもの絵を飾ってもらってるから、ママ友と我が
子を連れて初めてイタリアンのお店に行ったんですって。何かすごいなと思って。ほん
ともう、自転車で5分のとこ住んでるのに、行かないんやって言ってね。（福元さん）

　このエピソードはIPPOでの活動が障害児とその家族を地域につなぐきっか
けになった事例であるといえる。しかし、裏返せば障害児やその家族が地域の
中で「当たり前に」生活できていないともいえる。そのため、上記の活動のよ
うに、意図的に地域につなげる取り組みが必要である。
　同様に、以下はIPPOの活動によって障害児とその家族が地域とつながった
エピソードである。

　　（障害のある長女は）おんなじ絵ばっかり描いてて、親としてはね、やっぱり違う絵
を描いてほしいなとか、もっと進歩しないかなとか、やっぱりそういう気持ちもどっか
にはあるんですけど、（いつも描いてる絵がIPPOで作るTシャツのデザインに）選ばれ
て、それが先生（福元さん）がうまいことデザインしてくれて、センスもいいんですけ
ど、Tシャツを作ってもらったときに、やっぱりおじいちゃん、おばあちゃんがすごい

喜んでくれて、道歩いてるときにね、着てる人とか、たまにいるんですよ。もうすごい嬉しかったみたいで、おじいちゃんはその人追いかけて、「うちの孫がね、描いたんです」って言って、名前とか聞いたり、それぐらい嬉しかったみたいで。だから、そういう意味でも、喜んでもらえて、同じ絵ばっかり（描いて）って思ってたけど、（自分も）何か嬉しいなって。（A）

　この語りからは以下の２点がわかる。まず、保護者自身が「進歩がない」と評価していた子どもの絵が、Ｔシャツのデザインとして様々な人に認めてもらえる形になり、子どもに対して誇らしい気持ちをもつことができている。つまり、障害児の何気ない表現を形にすることが障害児を育てる保護者の支えにもなっている。また、そのＴシャツを地域の人が着ていたことで、祖父母も保護者もわが子の存在が認められたように感じたのではないだろうか。障害児の存在を隠すのではなく、障害児一人ひとりの表現を地域の目に触れる形にすることで、障害児やその家族が地域で過ごしやすくなることにつながる可能性がある。

４）IPPOの抱える課題
　様々に活動を展開しているIPPOだが、課題もある。福元さんが課題として一番に挙げたのは職員の問題であった。

　　　今は一番やっぱり人不足、（中略）結構ずっと私は１人やったので、そこ（一緒に中心になって活動を考えてくれる人）はずっと欲しくって、でも、どう考えてもできない（雇えない）よねっていうところから、なかなか抜けてないなっていうのは抜けてないですね。こんだけやってもね。（福元さん）

　現在IPPOの常勤職員は福元さんのみで、事業計画などはすべて１人で提案している。こうした役割を１人で担うのは責任も重く、今後の事業展開などを相談できる対等な立場の職員がほしいという意見であった。福元さん自身２人の子どもを育てており、IPPOの活動で遅くなる日は実母に頼ることも多い。福元さんにとって、仕事は母ではない自分になれる時間であり、重要なものと認識しているが、すべての責任を１人で担うのは重いだろうと想像する。しかし、これだけ事業を展開していても、現在の状況では自分と同等の給料を払うのは難しいという。
　２つ目の課題は、ボランティアとしての人材の問題である。IPPOは、退職後の保育者や教員を中心に地域の人材をうまく活用しているようにみえる。ボランティアする側にとっても、退職後の生活にやりがいをもてるなど、プラス

に働いている面はあるだろう。しかし、退職者の年齢を考えると何十年も継続してもらえるとはいいがたい。そのため、常に先の不安がつきまとう。

> 一番私だけの要望といえば、結構やっぱり今（ボランティアや講師を）頼んでる方々、年配でしょう。先生たちも皆さん。（退職された方）じゃない人たちがこれは支えていかないと、結局いつまでもつかなっていうところがずーっと不安じゃないですか。（福元さん）

　このように、活動を継続させていくことを考えれば、常に支援を行う側の"人"の問題がつきまとう。

　3つ目の課題は、障害児の保護者が自らアクセスする難しさである。保護者はIPPOの活動を知人から口コミで聞き、通い始めたということだった。

> やっぱり親がちょっと頑張らないと、そういう（IPPOのような）場所とかってなかなかめぐり会えないみたいな、たまたま市役所のこども課のそばに行ったら、そういう何か子育てサークルとかのチラシがあったりとかして、ちょっと集めてきて、近くにないかなとか言って見たりとか、それでも、やっぱり全然知らないところに電話かける勇気もないから、たまたまそんな話を、知ってる人がいたら、ちょっと聞いたりとかいう感じで、なかなか、やっぱりちょっと勇気を出していくには、まだちょっと敷居は高いかなっていうのは。（D）

　上記のように、自分で情報を探そうとしても、障害児を受け入れてもらえるのかという不安は付きまとう。結局、知人から「障害児でも大丈夫」というお墨付きをもらわなければ、自らアクセスすることは難しい。

　4つ目の課題は保護者同士のコミュニティ形成の問題である。先述の通り、保護者が活動に干渉しないことが子どもたちにとっては重要である。しかし、それが逆に保護者同士のかかわりの場を減らしている。

> やっぱりちょっとね、こういう何かね、みんなでわいわい楽しく、かたい感じじゃなくって、（障害児の保護者同士で）ちょっと話できる場とかね、特にね、うちなんかも就労とかね、これから絡んでくるから、ここの卒業した子が、どういうとこへ行って働いてるかとか、そういう話とかも軽い感じで聞ける場とかね、提供とかしてもらえたらうれしいかなと思います。（A）

　上記にあるように、現在利用している子どもの保護者同士も気軽に話ができ、情報交換できるようなコミュニティを創っていくことも課題である。

3. 障害のある子どもを含めた子育てコミュニティ創出における可能性と課題

　上述のIPPOの事例から、障害児を含めた子育てコミュニティとしてのソーシャルビジネスの可能性と課題について考察を加える。まずIPPOの活動が公的な福祉サービスではないからこそ得られる居場所としての可能性を3つ挙げる。

　第1に、障害児にとってのびのびと自由に過ごせる居場所になるという点である。近年、放課後等デイサービスが増加し、公的サービスの中でも障害児の居場所は増加している。しかし、放課後等デイサービスも公的サービスとしての質や内容が求められる。保護者も単なる居場所としてだけではなく、子どもの社会性の向上など何かしら訓練的な効果を期待することもあるだろう。しかし、IPPOは訓練の場でも療育の場でもないからこそ、「無理に何かしなくてもいい」「ただいるだけでもいい」という"ゆるい"居場所になっている。それはまた年齢制限がなく、長く通い続けられる場であるからとも考えられる。保護者のインタビューでも、通わせ始めたばかりの保護者は「何かやってほしい」という思いを持っていたが、長く通っている子どもの保護者は「やらない時期があってもいい」「それでも子どもが行きたがる大事な場所である」と感じていた。

　障害のない子どもは年齢とともに自宅以外の自分の居場所は自然に増えていくが、障害児はそうした居場所が増えにくい。そのため、社会の側が、障害児が安心して過ごせる居場所を複数用意する必要があるだろう。公的サービスのみならず、IPPOのような場が地域の中の選択肢の一つとして存在することは、障害児も含めた子育てコミュニティ創出につながるといえる。

　第2に、障害や年齢という垣根のない居場所になるという点である。公的な福祉サービスであれば、受給要件があるために障害児しか利用できないことも多い。また、利用できる年齢に区切りがあるサービスもある。しかし、IPPOでは、障害のあるなしにかかわらず、また子どもも大人も利用することができる。地域の中の障害児の居場所や余暇支援は放課後等デイサービスや移動支援などによって広がってきているが、障害の有無を越えて様々な人が生活を共にできる場はまだ少ない。その点でもIPPOの今後の展開が期待される。特にアートというそれぞれがもつ個性が尊重されるものを介して関わりあえることが、障害や年齢という垣根をこえた関係の構築につながると考えられる。また、障害児ときょうだい児がともに通える場所であることで、きょうだい児にとってもリフレッシュできる場であり、きょうだい児同士がつながりあえる場としての

機能も期待できる。

　第3に、障害児者とその家族を地域とつなぐことができる可能性がある。上述したように障害や年齢の垣根のない場所であることから、地域の障害のない子どもや大人も共に活動に参加することができる。普段の生活の中では障害児者とかかわりのない地域住民が活動に参加することで地域の障害児者を理解するきっかけにもなる。特に幼い子どもたちにとっては、障害のある青年と同じ場で活動することで、青年たちの製作物に対する尊敬のまなざしから自然にかかわりをもつこともできる。また、Tシャツのエピソードにもあったように、障害児者の存在を社会や地域の目から隠すのではなく、むしろ目に見える形で地域に発信していくことで障害児者やその家族と地域とのつながりを創っていくことができる。

　最後に、障害児も含めた子育てコミュニティの創出という点で課題を2点挙げる。1つは、地域住民や障害児者とその家族に対して、いかにハードルが低く、誰にでも開かれた場所としてアピールしていくかということである。障害児者の家族は「迷惑をかけたら困る」という思いも強く、なかなか自分からアクセスしにくい状態にある。そうした障害児者と家族に対しても安心できる居場所であることをアピールする必要がある。同時に、様々な活動を展開することで障害のない子どもや大人など地域の幅広い層を巻きこむことも重要である。

　2つ目の課題は、事業の継続や持続可能性の点から経営と人材の問題である。常勤職員1名のみで事業を継続する現状では、その1名に何かあった場合に立ちいかなくなる危険性をはらんでいる。IPPOは母体である杉の子会という社会福祉法人もあり、その園長などが役員としてフォローする体制が整っているため、すぐに活動が停止する危険性は低いだろう。しかし、活動を安定して持続的に行っていくためには、職員の充実も必要である。また、地域の退職後の世代がこうした活動の中でボランティアとして活躍できる仕組みは今後ますます重要性を増すと考えられる。一方で、そうしたボランティアが年齢を重ねていっても活動が途切れることがないように、個々の人脈のみに頼るのではなく、広く人材を確保する方法の確立も求められる。

第4章
「自由」と「共同性」—プレーパーク事業の事例から

（林尚之）

1. はじめに

　孤立が社会問題化されている現況において、明確な問題意識を持ち、新たなコミュニティやそのための居場所をつくろうとする市民団体やNPOの多彩な活動が展開されている。社会問題の解決として、個々人や地域のつながり＝コミュニティの再構築が目指されているが、人々の関わりのなかで形成される「共同性」はどのようなものなのか。

　統計データでは、近年、核家族化や単身世帯の増加が顕著となり、日本社会はOECD加盟国のなかで「社会的孤立」が突出して多いという結果がでている[1]。戦後日本では社会的孤立は否定的な現象としてとらえられ、若者であれ、高齢者であれ、孤立した状況にある人々は行政から支援の対象とみなされてきた。「社会的孤立」という問題を解決するために、前近代的な共同体とは異なる新たな共同体として「コミュニティ」の概念が論じられた。「拘束からの自由」と「参加する自由」への要求に対応しうる開かれた共同体として、行政においてもコミュニティ政策の重要性が認識されていた。しかし、行政主導のコミュニティ政策に関しては、個々人の「自由」の妨げになる上意下達の支援のあり方が問題視されてもいた[2]。戦後社会でコミュニティ政策をめぐって「自由」と「共同性」の両立は可能か否かが問われてきたのである。

　現在、子どもの貧困や高齢者の孤独死など社会問題の背景に、社会的孤立の問題があるとみられている。とりわけ、子どもの貧困やネグレクトの問題が顕在化しているように、「共同性」は、次世代を担う子どもの生存に深く関わってくる。また、昨今、体感治安の感度が増し、子どもが犯罪に巻き込まれるのを回避する公安的な観点から子どもの自由空間への管理が強まり、子どもの自由が損なわれているという議論もある[3]。安心安全な社会を求める国民感情が住民同士の相互監視という「共同性」を生み、「自由」を縮減していったといえる。その一方で、「自由」と「共同性」を両立させようとする努力も試みられてきた。その試みのひとつとしてプレーパーク事業がある。本章ではプレーパーク事業の事例をもとにして、「自由」と「共同性」について考えてみたい。

プレーパーク事業は、子どもの自由な遊びの実現を目指した市民運動である。プレーパーク事業は、1943年にデンマークで生まれ、第二次世界大戦後にイギリスで発展し世界に広がっていった。世界で最初の冒険遊び場は、1943年の戦時下のコペンハーゲン市街外につくられた「エンドラップ廃材遊び場」である。日本で最初の冒険遊び場は、1975年に世田谷で始められた「羽根木プレーパーク」である。「子ども自身が創造していく遊び場」「自分がしたいと思うことのできる遊び場」の創造を活動目的に掲げて、1979年に羽根木公園の東側に常設の「羽根木プレーパーク」が開園した。「羽根木プレーパーク」を皮切りに、プレーパーク事業が全国に波及した。

本章で取り上げる事例は、市原市青柳地区のプレーパーク事業、「もぐらの冒険」である。主催者へのインタビューとホームページをもとに考察する。

2.　プレーパークで問い直される人々の「関係性」

主催者の「がーり」と「もなか」夫妻は、「もぐらの冒険」の活動の目的について、「もぐらの冒険は「遊ぶことは生きること！」をモットーに、2014年8月から「大人も子どもも一緒に遊ぼ！」と呼びかけて活動している市民活動団体です。遊びのこと、子育てのこと、大人と大人の繋がりのこと…などを考えながら、遊び場を開催しています[4]」と述べている。

その主な活動内容は、第一に、遊び場の開催（いわゆるプレーパークのような遊び場を不定期開催）、第二に、大人の集い場の開催（子育て中のオトナ＋地域の大人）、第三に、遊びを通して子育てや教育等を考える勉強会などの企画・開催である。主催者は2名、無償のボランティアが5名で、企画協力や当日の会場設営などの運営に携わっている。活動の費用は持ち出しが中心であるが、他に募金、市原ロータリークラブの助成金や市原市市民公益活動支援補助金と民間団体や市から助成金を得ている[5]。

主な活動場所は、主催者の親が所有する畑である。ただし、2017年9月以降は子ども関係のイベントに遊び場を出店したり、講演会と連動して遊び場を開催している。活動している間に出会った他の団体とも協働して、活動場所を広げている[6]。

主催者の「がーり」氏は、結婚前は幼稚園で教諭として子どもの保育に携わっていた。現在は仕事をやめ、育児に専念されている。もうひとりの主催者の「もなか」氏は、不登校の子どもが集うオープンスペースのスタッフを経

て、現在は障がい者支援の仕事をされている。それぞれ育児や仕事のかたわら、「もぐらの冒険」を主催している。「がーり」と「もなか」夫妻は「もぐらの冒険」の活動をはじめた動機について、次のように述べている。

　　生まれ育った市原市青柳地区で、子どもたちの居場所や遊び場が減っていることを感じ、また、この地域に移住して来る若い世代の家族が増えている今、子ども達や子どもたちを取り巻く大人が集える場所を創設し、地域で子育てを考え、大人も共に育ち合う活動を始めたいと考えた。夫は不登校の子ども達の支援に携わってきた中で、妻は幼稚園教諭として、保育者として子どもたちと携わってきた中で、それぞれ感じてきた"違和感"と、大切にしたい"人の感覚"を自分たちで形にしてみたいと思い、子どもの遊びをきっかけに大人が集まる機会を作ろうと考えた。もうひとつは、たくさんの人の中で自分たちの子育てをしたいと考えたこと。自分たちが住みやすい、子育てしやすい環境を自分たちで作りたいと思った[7]。

　それぞれの社会経験のなかで「がーり」と「もなか」夫妻が感じた「違和感」と「人の感覚」とは何か。このことについて「がーり」氏は以下のようにいう。

　　幼稚園で働いていたという話をすると「手に職があるのにもったいない」と言われることがあります。幼稚園で働いていたときは、本当に子ども一人ひとりのことをよく考えたし、子どもがよりよく育まれるために何ができるのか、教員同士本当によく話し合いました。人間関係には恵まれていたし、こどもたちと過ごす日々はとても充実していました。しかし、もっともっと子どもの「今」を大切に感じたいと思ったら、自然と幼稚園ではないフィールドへと足が向いていたのです。「遊ぶ」ことをとことんできる。社会の価値観に縛られず、今の姿が大切にされる。そんな居場所作りや遊び場作り。幼稚園のような教育現場に比べたら、とても小さなことで、理解されにくいことかもしれません。でもだからこそ、一人ひとりとの出会いが尊く感じられるし、共感の輪の広がりに幸せを感じるし、ふと漏らすつぶやきも聞こえるし、全力の笑顔にも涙にも出会える。年間行事予定に沿って歩んでいくのではなく、今、この瞬間に、ひとりひとりの想いに気づいて考えていく。正直、悩むこともあるし、難しいことも多い。でも、これが市民活動だからこそできること[8]。

　現在の私たちの「社会の価値観」は、子どもの将来を顧慮して、あらゆる側面から、子どもの行動を先回りして手当てしてしまう。しかし、こうした育児におけるパターナリズムは、子どもの「今」を奪っているともいえる。家庭でも、教育の現場でも未来のことばかり顧慮するあまり、「今」が犠牲にされている光景はありふれている。「がーり」氏は、幼稚園教諭として子どもと関わ

第4章　「自由」と「共同性」─プレーパーク事業の事例から　*51*

るなかでこのありふれた光景に「違和感」を感じ、子どもたちの「今」に寄り添い、ともに喜び悩むことができるためには、それができる場所をつくることが必要であると考えたのである。その場所は子どもたちの「今」に関心をむけて、その機微に渡るまで感得し受容することで大人自身も変われる場所である。

　同じ質問に「もなか」氏は次のように語る。

　　不登校などの子ども達の居場所を通して感じたことのひとつに、私たちは、案外いろんな人（多様な人）に出会っているようで出会っていないんだということがある。ぼくが携わってきた居場所では、一口に不登校といっても、様々な人に出会ってきた。10歳くらい〜30代半ばの人たち、障害のグラデーションがある人たち、親子関係が悩ましい人たち、セクシャリティに悩みを持つ人たち、自分を傷つけてしまう人たち、とにかく元気いっぱいの人たち、サブカルにはまる人たち、いわゆるフツーの人たち。例をあげればキリがなく、とても説明のつかない出会いをたくさんしてきた。ぼくは何をしたらいいかわからず模索の日々であったが、その人その人の話を聞いて、気持ちを想像して、その人との関係の中で心地よい言葉や活動を探し続けてきた。と同時に、その居場所で過ごす若者たち（いわゆる当事者たち）も、同じ場を共有している他者と過ごす中で、相手との関わり方に悩みながらも、次第にいい関係、距離感を見つけていったと感じている。不登校の居場所を利用している人というのは、全体の中では非常に少数であるから、“特殊”な人たちと思われるかもしれないけれど、その特殊な人たちの集まりこそ、じつは多様で豊かな人の関わりがあったのではないかと感じた。「個別な支援が必要」という視点であればあるほど、障害のある人、発達障害のある人、ちょっと変わった人たちは、どんどん分けられていって、実は多様な人との関わりというのは少なくなっているように思う[9]。

　不登校の子どもの居場所で働くなかで、特殊だとみられていた子どもが様々な問題を抱え、不登校児としてひとくくりにできないことに気づいたという。一人一人にむきあうと、それは、「特殊な人たち」にカテゴライズできない多様性に出会う。直面している問題がひとりひとり違う、多様で豊かな出会いの経験があった。これまで人と出会っていても、多様な人々とは出会ってはいなかったのは、そういった枠からはみ出る人間の現実にまなざしがむけられていなかったからである。「個別な支援が必要」という視点は、ひとりひとりの属性を細かく分類し、ラベリングした上でそれぞれに応じた支援をすることで、むしろ多様で豊かな出会いの機会を奪っている。

　こうした「違和感」を出発点にして、なにものにも還元されない子ども（人間）の多様性とむきあうなかで、関係性を構築していくことが必要であると「も

なか」氏は考えたのである。

　私たちが思い浮かべる遊び場は、テーマパークや遊園地などのレジャー施設だろう。そういった施設は、すでに完成した場で管理が行き届いており、老若男女、誰もが安心して遊べる場所だろう。そういった場所では頭も感性も駆使することなく、商品としての「遊び」を受動的に享受することができる。しかし、商品としての「遊び」には、試行錯誤することで自分と他者の違いや自分の限界を経験することで得られる尊厳感を育む重要な過程が存在しない。

　「もぐらの冒険」が提供する遊び場では、人々は、サービスの提供を一方的に受ける消費者ではいられない。それは何をしてもいい場であるが、誰かに何かをしてもらう場所ではない。むしろサービスを提供する側、される側といった関係性を問い直す場として遊び場を位置づけている。「遊び」を通じて問い直される関係性、その関係の中で人々の主体性が問い直される。だから最初は子どもも保護者も戸惑うという。

　　　「これ、していいですか？」
　　　「このあそび、お金かかりますか？」
　　　もぐらの冒険に初めてきたひとには、よくこういう質問をされます。
　　　誰かに決めてもらったり、誰かが提供してくれるのを待っていることに慣れているということだなぁと感じます。
　　　求めていることを、"求めている"と自覚する前にサーブされることが求められる世の中ですから、そうなるのは当たり前です[10]。

　自分が何を求めているのか、自分のなかに胎動するものを感じて、それが何であるのかを認識しようとする過程を経験することと、しないことでは大きな溝がある。現代の子どもたちの「遊び」で奪われているのは、その場所だけではなく「遊び」を通じて出会う欲求や感覚といった自己の内なる声ではないか。

　　　自分の感覚を自覚したり、
　　　相手との折り合いをどうつけるか考えたり、
　　　どうやったら実現できるか試行錯誤したり…
　　　そういう過程がとてもおもしろいのに、と[11]。

　自由な遊びを実現するまでの過程を参加者は経験する。最初は困惑していたある夫婦が餅つきをやりたいと提案してきた。では餅つきをするにはどうすればいいのかをみんなで考えるようにした。そういったプロセスを経験すること

で、参加者は遊び場がみんなで作っていく場であることを実感していく[12]。

> 提供されるだけではない、
> 「みんな」で…「自分」が…作っている。
> それは、自分の想いが、その場で生きていると感じられるということ。
> 「ここにいていいんだ」と感じられるということ。
> それがとても楽しく、面白く、奥深く、尊いのです[13]。

　サービスを受ける消費者としての立場から、もっといえば、支援・非支援の関係を超えて、誰もが存在することだけで尊厳ある個として感じられ、また相互に尊重し合うような体験の場としてプレーパークが位置づけられていることがわかる。提供者と消費者、支援者と非支援者の関係性が覆い尽くしてしまうものは、内なる声である。自由な遊びの中で内なる声に従うことで、主体性も、そして、関係性も変容する。もぐらのように、泥まみれになって土を掘ることは、自分の中にある内なる声を掘り出し探り当てるいとなみなのではないか。

3．子どもが「健全に育まれる場」としてのプレーパーク

　既存の関係性から解放されて、内なる声を聞いてもらう。そのために、主催者は無料での遊び場の提供にこだわる。「がーり」氏は次のようにいう。

> 　そこで出会った人たち同士、対等の立場で、声を掛け合ったり、助け合ったりしたい
> わたしたちは「お金を対価にサービスを受ける」ことにあまりにも慣れ過ぎています。
> 　お金を出したら、それなりのサービスが受けられる、と。もぐらの冒険は、そうではなく、「お互い様」で過ごせる場でありたいと考えています。わたしたち主催者も含め、みんなが、お金がかかるかからないを超えて、出会った人との目の前にある関係性や、助け合いや声の掛け合いを大事にしたいのです。入場料があると、「お金を出したのだから…」と、お金を出した分（もしかしたらそれ以上かも）に、求めるものが生まれてしまうかもしれない…そうしたくないという、わたしたちの思いです[14]。

　お金を払うことで、それに見合ったサービスを期待するのが消費者の性向である。言い換えれば、等価交換に私たちは慣れすぎている。それは私たちにとって自然なことである。しかし、本当にそうなのかと「がーり」と「もなか」夫妻は問題提起をする。遊び場に消費者として参加することで、本来なら出会えたかもしれない関係性と出会いそこねてしまうのではないかと。そういった消

費者の立場からは決して経験することができない関係性を「がーり」氏は「お互い様」の関係と呼ぶ。「お互い様」の関係性をつくることで物事に対する人々の許容範囲を広げていく。

「がーり」氏は、子どもが遊び場でケガをした場合をあげて、次のように述べている。

> 利用料があると、「ケガをさせた責任」がわたしたちに発生したり、「ケガをさせないでほしい」というオトナの要望が生まれると思います。責任から逃れたいという意味ではありません。ケガをすることも大事なんだ！と豪語したいわけでもありません。
> もぐらの冒険では、ケガをすることが、本人の自己責任だったり、親の監督不行き届きになる場にしたくないのです。ケガや問題とどう向き合おうか、どうしたらいいか、一緒に考えたい。大人の「ケガをしてほしくない」「問題が起きてほしくない」という想いが先走ってしまうことを、今一度、一緒に考え直したい。子どもたちにとって、ケガや問題が起こらないことが本当に"いい"のか？もう一度考え直してみたい。…だから、ケガをしそうなこと、危ないとされることについて、始めから"禁止"とはしません。「いい距離感」で大人がいて（親に限らず近くにいる大人）、一緒に遊んだり、一緒に挑戦をしたり、時に見守ったりすることを大切にしています。もともと「問題」や「ケガ」に向き合う考え方はそれぞれ違うはずで、それを一緒に考えていきたいのに、利用料がかかると、一気に「一緒に考えましょう」から遠くなりそうで、こわいのです[15]。

確かに、子どものケガの問題はプレーパークでは大きなリスクである。大人の子どもに対する配慮が最大限発揮されるのがケガの問題であろう。それはときに賠償責任に発展する事案であり、どのプレーパークにとっても深刻な問題である。「羽根木プレーパーク」では、「自分の責任で自由に遊ぶ」をモットーにしている[16]。これは子ども自らが自由のリスクを負うことで、大人から自由になって遊ぶことを保障されるという理念をあらわしている。「羽根木プレーパークの会」は、プレーパーク内部での事故から生じる責任問題が活動理念への批判に発展しないために、賠償責任保険への加入という補助線をひいている[17]。

「もぐらの冒険」では、理念上は、ケガをすること、しないことについての是非も含めて宙づりにしたままにして、いざ子どもが遊び場でケガをした場合、参加者全員が感じ、考えることを重視している。プレーパークを有料にしたら、子どものケガの問題は主催者の責任問題として処理されてしまい、参加者は傍観者のままである。ケガの防止やケガが発生したときの責任が主催者の義務になってしまったら、大人が一緒になって子どもを見守るといった経験ができなくなる。それは遊びを通じて、親と親、子どもと親、子どもと子どもが

第4章　「自由」と「共同性」―プレーパーク事業の事例から　　**55**

互いに協力し創意工夫することを通じて、育ちあう契機を失ってしまうことを意味している。お金を介さないことで、消費者としての立場ではなく、参加者が対等な関係で問題にむきあうことで創り出される共同性を「もぐらの冒険」は重視している。遊び場の開催を重ねるごとに、参加者が増え、現在は100名を超えている。多様な参加者がいる状況で、主催者が保護者にその想いを伝えることにも難しい面が出てきたことから、「もぐらの冒険」も賠償責任保険に加入するに至っている。

　しかし、現在でも主催者の「もなか」氏が保護者に話しかけて、「もぐらの冒険」の趣旨を理解してもらうなどの努力は続けられている。「もぐらの冒険」が公園や学校のようなガイドラインをつくらないのは、ケガが発生したときに参加者全員がその問題とむきあい、考えあう過程をなによりも大切にしているからである。「もなか」氏は、保護者から、「怪我は自分の責任って、責任転嫁とも受け取られないですか」という質問に対して、「あなたを信頼しているってことです」と答えたこともあったという[18]。このことからも「もぐらの冒険」が理念をより重視していることがうかがえる。

　主催者が考える子どもたちが「健全」に育まれる場は、ケガなどのリスクに過剰に配慮することで得られるものと、失われるものとの均衡のなかでつくりだされるものである。そのことは「がーり」氏の言葉にあらわれている。

> 　現代のこどもたちが育っている環境といえば兄弟も少なく、子どもだけで外へ遊びに行かすこともしにくい。しかも、どこに居ても、どこで遊んでいても「ダメ」が多い。
> 　今の「オトナ」が知らず知らずのうちに、こういう環境を作ってきたのだけれど、子どもが育つ上で、「これは社会問題なんだ！」と断言していかなくてはいけない、とわたしは思っています。だから、もぐらの冒険は、健全に育まれる場所としてあり続けたいのです。もぐらの冒険が考える「健全に育まれる場」とは「『いい』ことも『悪い』ことも、可能な限り多くの「あそび」が展開できる場」「オトナが必要以上の介入をせず、子どもが自分の意思で取捨選択ができる場」「「やってみたい！」という欲求と「まだできない」という葛藤が共存している場」ということです[19]。

　子どもが「健全に育まれる場」は、行為にあらかじめ禁止を設けないで、可能な限り自由が保障され、大人の顧慮から自由になり、納得するまで試行錯誤ができ、内なる欲求を実現するなかで自分の限界を経験できる場所である。ここで重視されているのは「自由」である。これまで子どもたちを縛ってきた外的内的な拘束力から解放され、自由な遊びのなかで新たな限界性を自ら経験する。内なる声に身を預けることからはじまる、他者との出会い、そこからうま

れる「共同性」。子どもが「自由」になるにはまず大人が「自由」にならなければならない。だからこそ、子どもを顧慮する大人がその顧慮から自由になり、自分たちのためのつながり＝「共同性」をつくりだすことがプレーパーク事業のもうひとつの重要な目的となるのである。

4．プレーパークにおける「共同性」とは

　「もぐらの冒険」では、遊びを通じて、どのような「共同性」が形成されたのか。「もぐらの冒険」が目指した人々のつながりは次のようなものである。

> 　この「もぐらの冒険」が開催する遊び場を通して、大人と大人が繋がり合い、支え合うきっかけとなることを目指しています。自分だけではなく、多くの大人との関わりの中に子どもがいると感じられることで、心に余裕を持って、子どもに向き合えるのではないでしょうか。子どもが育つのに大切だと思うことは…
> 　遊びの中で、「やってみようと挑戦してみること」「どうやったらできるかな？と試行錯誤してみること」「泥のとろとろとした感触、土のにおい、水の冷たさ、火の燃える音…五感で、身体全部で感じて過ごすこと」。
> 　子どもたちの"やりたい"気持ちだけでやろうとすることは、危険なこともあるかもしれません。もしかしたら、その過程で怪我をしてしまうかもしれない。そんなとき、傍にいる大人（親だけでなく、地域の大人）が一緒に心動かし、探り、見守り楽しむこと。その経験がその子をひとまわりもふたまわりも大きくする…と周りの人が信じること。そんな大人たちの中で育つ子ども達は、信頼されている喜びを知り、「生きる」ことに繋がっていくのだと思うのです。
> 　さまざまな世代の方が交流しあい、信頼できる人間関係の中、子ども達がのびのびと遊べて、大人たちが安心して過ごせる環境を作りたいと思っています[20]。

　地域の人々の関わりの希薄化によって親が孤立し、育児はすべて当事者の親だけで負担しなければならない現状では、自由な遊びのなかで自分や他者に対する尊厳感は育まれない。
　「もぐらの冒険」は遊びを通じて、「生きる」ことを学ぶ場所を人々に提供し、子ども同士や大人同士が繋がりをつくることを通じて、尊厳をベースにした関係性を「育む」ことがそのプレーパーク事業では目指されている。それは、新たな問題意識のもとで、人々の共同性を創出する試みである。「もぐらの冒険」の活動は、先にみた、夫妻の「違和感」、つまりは、子どもや大人、親子、地域のつながり、といった人々の関係性のベースにあるものとは何かという「問い」から端を発している。共同性（関係性）への問いかけは遊びを通じて

実践されている。

> 我が子が、一緒に遊んでいる子のものを取ったら、「だめでしょ！返しなさい！」と声をかける大人が多いだろう。逆に、我が子が持っているものを、一緒に遊んでいる子に取られたら…「いいじゃないの、貸してあげなさい」と声をかける。
> でもこれって、矛盾している。"自分の子だから言えること"ということは分かるけれど、我が子の気持ちを大切にしていると言えるだろうか？自分がやりたいことを実現させようとしたときに、相手のやりたいことと一致するとは限らないし、相手に不快な思いをさせてしまうかもしれない。それは「悪」でも「善」でもない。つまり、取ることが「悪」なのでも、貸すことが「善」なわけでもないのだ。ただ、相手と自分の想いが、うまく噛み合っていないだけ。
> そう思うからわたしは、「使いたいよね。でも○○ちゃんも使いたいんだって。どうしようか？」と声をかける。「一緒に考える」。そのことが自分の想いを自覚すること、相手の想いを知ること、お互いにとって何がいいか考え選択すること、「誰かと共に生きていく力」を育てていくと思うのだ。「だめ」とか「いい」とか、そんな大人の価値観で伝えるのではない関わりを、もぐらの冒険では大切にしている。普段の生活ではそれができる余裕はないかもしれない。だって、ご近所さんの目や、社会の価値観が気になることも多いだろうから。でも、「子どもにとって幸せ」な関わりをしてみたら、大人も幸せになれるかもしれないから…
> 大人もみなさん、少しずつでいいから、もぐらの冒険で過ごしている時だけでも「だめ」を封印して、「善」「悪」で区別するのではない関わりを、ぜひ[21]。

「もぐらの冒険」での遊びのなかで、人々の関わりが問い直され、新たな関わりが生まれている。「もぐらの冒険」の共同性（関係性）は不断に共同性を問い直し、つくりなおす運動のなかで創出されるものなのである。

では、プレーパークに参加した親子はどのように変わり、どのような人と人とのつながりができたのか。この点を次にみていきたい。インタビューで、「がーり」と「もなか」夫妻に参加者の変化について聞いてみた。

- 何度か参加している親子が、ある時、自分でやってみたいと思った道具・材料を持参してきたこと。（ウィンナーを焼いてみたいと思って買ってきた。マシュマロを焼いてみたいと思って買ってきた。）
- 他の見知らぬ参加者の為に、材料を多く持ってきて、やってみたい人に分けるようになった。
- はじめは子どものことが心配で、後ろをついて回っていた親が、子どもは子どもで遊んでいて、親は親同士お茶を飲みながらおしゃべりをするようになった。開催回数が増えるにつれて、親同士だけでおしゃべりする光景が増えた。
- 参加者（親）から「○○やってみたい」という話が出てきた。参加者の呼びかけで『お

でん会』は実現した。
- 子どもたちは「これやっていい??」と許可を求める子どもが多かったが、次第に勝手に遊ぶ子どもが増えた。
- 差し入れや、活動に使えるものを寄付してくれる人が出てきた。
- はじめは自分の名前を木工作品に書いて持ち帰っていた子どもが、ある時、「もぐらの冒険」と書いた作品を残していった。自分用→もぐらのために[22]

　当初は、「もぐらの冒険」が提供する「遊び」場に困惑していた親子が積極的な参画者に変わっている様子がみてとれる。これまで、子どもの一挙手一投足に気を配っていた親が親同士で楽しめるようになったこと、なにをするにしても親に許可を求めてきた子どもが子ども同士で相談して決めるようになったこと、「遊び」場が親は親なりに、子どもは子どもなりに楽しめる場所となっていることがわかる。「遊び」場を提供し、その「遊び」の具体的な内容をそのつど参加者の共同作業で創出していく空間が人々の主体性を育んでいく。それは自分が本当になにを求め、何をしたいのか、内なる声に耳を澄ませる力を身につけることであるともいえる。自分自身と関係性をつくりなおすことで（自由になることで）、人との新たなつながりができてくる（共同性が紡ぎだされる）。そのつながりはコミュニティの形成に寄与している。

①スタッフと参加者

　開催日の朝に早めに来て一緒に開設準備を手伝ってくれる人が出てきたり、より充実した活動になるように一緒に考えてくれる人が出てきたり、街で会うと立ち止まっておしゃべりをするようになった人がでてきた。

②参加者と参加者

　見知らぬ他の家族同士が、同じ遊びを通して共通のお話をするようになったり、譲り合ったり、道具を貸し借りしたりする光景がたくさんある。特に、子どもたちが一緒に遊んでいるとその親同士も関わりを持ちやすい。自分の子どものことだけではなく、その場で遊んでいるよそのお子さんのことも気にかけて過ごす人が増えてきた。逆に他の人も見ているからと思える人も増えてきた。

③もぐらの冒険と地域の人

　町内会の方々、地域のお祭り実行委員の方々、近隣住民のみなさんに知られるようになった。お祭りでは、子ども神輿を担ぐ為の呼びかけを請け負って、盛り上げている。

④もぐらの冒険と他団体

　市役所の市民活動支援課、子ども福祉課の方々と親しくなってきた。市内のボランティア協議会からイベントへ誘われるようになってきた。市内で中心的な子育て団体「NPO

法人いちはら子育て応援団」との共催企画などが増えてきた。千葉県冒険遊び場作り協会のMAPに掲載してもらっている[23]。

　参加者がスタッフとなり、友人となり、参加者同士が家族同士でつき合うようになり、自分の子どもだけでなく、他人の子どもにも関心を持ち、育ちあうこと、このつながりがコミュニティを形成する。つまり、プレーパーク事業がきっかけで、地域のつながりや自治体とボランティア団体、ボランティア団体同士の連携が生まれ、幅広いコミュニティが形成されている。「もぐらの冒険」の活動が「遊び」場の開催だけで完結せずに、地域コミュニティの形成に貢献しているのがみてとれる。

5．おわりに

　以上のように、プレーパーク事業「もぐらの冒険」を事例にして、「共同性」と「自由」について考察してきた。

　子どもの貧困や虐待、犯罪などの原因として社会的孤立が問題視され、社会福祉（児童精神医学的な観点も含め）あるいは公安にもとづく問題関心から、リスクやハザードの予防を徹底するために地域コミュニティの再建が目指されてきたことは周知のとおりである。昨今、問題行動をする子どもは、専門知による判断にもとづいて特定の枠のなかに分類され、特定分野の支援のレールに乗せられる体制ができている。支援者も非支援者もこのことに疑問を感じない。

　しかし、福祉や教育の現場に携わる人々のなかでは、このような状況に「違和感」を感じて、少しでも現状を変えようとしてアクティブに活動する人々がいる。本章では、その試みの一環としてプレーパーク事業に着目した。本章で取り上げた、「もぐらの冒険」の活動は、「自由」と「共同性」に対する危機感から端を発している。公安や社会福祉的な観点から、子どもが安心安全に生活できる環境を整備することは必要なことであるが、そのことが過剰なパターナリズムを蔓延させ、大人や子どもを不自由にしてしまっている。このような状況に対して、「がーり」と「もなか」夫妻は「違和感」を感じていたようにみえる。この「違和感」は、子どもの生き生きとした「今」に、すなわち、多様な生のあり方に社会がむきあえなくなっていることの「危機感」でもあったのだろう。

　「もぐらの冒険」での自由な遊びは、子どもたちの「今」を、多様な生のあり方を模索していくなかで、人々の関係性を問い直し、新たな「共同性」を創

出する試みであった。その遊びのなかで、人々は困惑し、動揺し、逡巡しながらも、「今」この時を、五感を通じて味わい楽しんでいる。この「自由」の経験は、すべての他者にひらかれている。親子の関係、親同士の関係、大人と子どもとの関係、子ども同士の関係のあいだでこれまでない「共同性」が育まれているのである。その「共同性」は、既存の関係性からの「自由」を前提にしている。

　このことはケガの問題に対する「もぐらの冒険」の考え方にあらわれている。ケガのリスクを顧慮すれば、遊びに禁止事項をつくらざるをえない。しかし、そうすればそこは自由な遊び場ではなくなる。ケガのリスクはあるが、それでも、「もぐらの冒険」では、子どもの「やってみたい」（内なる声）を実現することを重視する。「自由」な遊びのなかでこそ自己の限界を知り、他者とのつながりを感じられるからである。プレーパークが抱える問題さえも、自由な遊び場を共同でつくるプロセスとしてとらえられている。問題解決のプロセスを参加者全員で共有することが企図されているのである。もちろん、この問題は参加者の数が増えることによってますます解決が難しくなる性質のものであり、現に、「がーり」と「もなか」夫妻もこの問題で参加者全員の合意をとりつける困難さを認識している。しかし、「がーり」と「もなか」夫妻はあきらめずに、いまもなお、「自由」な遊びに伴うリスクを、参加者の「共同性」を生み出す契機としてとらえ、試行錯誤をしつづけている。

　既存の関係性、そのなかに捕捉されている不自由な主体性を解きほぐし、内なる声（自分が求めているもの）を感じることを通じて、新たな「共同性」を生み出していく実践には終わりはない。「共同性」をつくりだす実践は、「共同性」に対する問い直しでもある。「共同性」は、子どもたちの「今」にむきあうことで問い直される。プレーパーク事業は絶えず移動し変容し続けるだろう。なぜなら、子どもたちの「今」にむきあうことに終わりはないからである。

＜注＞

1）梅田直美・林尚之「「孤立」にみる自由と人権」（林尚之・梅田直美編『OMUPブックレットNO. 59　自由と人権 ―社会問題の歴史からみる』大阪公立大学共同出版会、2017年）参照。

2）行政主導のコミュニティ政策の問題点については松下圭一や高木鉦作の議論が詳しい。

3）この点は中井孝章『OMUPブックレットNo. 27　子どもの居場所と多世代交流

第4章 「自由」と「共同性」—プレーパーク事業の事例から 　*61*

空間』（大阪公立大学共同出版会、2009年）が詳しい。

4）「がーり」と「もなか」夫妻インタビューシート。

5）同上。

6）同上。

7）同上。

8）「もぐらの冒険」HP。

9）「がーり」と「もなか」夫妻インタビューシート。

10）「もぐらの冒険」HP。

11）同上。

12）同上。

13）同上。

14）同上。

15）同上。

16）プレーパーク事業の第一人者である天野秀昭は、プレーパークでの子どものケガの責任問題に関して、責任は義務というよりも、むしろやりたいこと好きなようにやるための権利であって、個々人の責任というよりも、参加者全体の責任として引き受けることがよい信頼関係をつくることになると述べている（「「自分の責任で自由に遊ぶ」意味」、『子どもの文化』第27巻第6号、1995年6月）。

17）元森絵里子「子どもへの配慮・大人からの自由 —プレーパーク事業を事例にした「子ども」と「大人」の非対照性に関する考察」（『社会学評論』第57巻第3号、2006年12月）参照。

18）「がーり」と「もなか」夫妻インタビューシート。

19）「もぐらの冒険」HP。

20）同上。

21）同上。

22）「がーり」と「もなか」夫妻インタビューシート。

23）同上。

第5章
子育てをきっかけにした共同性を確保する仕組み：フランスの事例から

（木下裕美子）

1．子育てという現象を通じた共同

　子どもをもち、親子関係になること、ならないこと、ならなかったこと、すること、しないこと、しなかったことは誰もが経験する。日常の切迫した子育ては当事者たちが経験するものである。だからといって、子育ての共同性は当事者間だけで特徴づけられるものではないだろう。しかし、例えば、日中の子育て分担を家庭でどう分担するのか、保育士と親たちがどのような役割分担をするのか、国家と家族の負担のあり方など、われわれは誰と誰との間の問題であるのかをはっきりしてからでなければ、どうも納得がいかない様子である。そして、その特徴が何であるのかを明らかにしてみたいと願う。果たして、私たちは子育てをこうした閉鎖的な問いとして認識しつづけるのであろうか。

　その点について、フランスを例に、子育てに関連する保育を通じてみえる問題の共有のあり方を共同性とし、それを支える仕組みを整理しながら明らかにしたいと考える。その準備として実施した調査の中間報告を行うことにする。

2．「親であること」を実行する人たちと親が運営する「親保育所」

　フランスの子育てに関わる児童と家庭の福祉は家族手当金庫（CAF）を通じた社会保障制度で支えられている。1991年の一般社会拠出金の導入により、社会全体で財政的な負担に参加する仕組みとなっている。1970年代以降、家族の在り方は多様化し、子の親であることは選択的であるとともに実質的な行為として存在し、自明なものではなく、主張されるものである。こうして家族の中で「親であること」が主題化し始める頃、保育の現場において、親たちが自主的に運営する保育施設が生まれた。

　「親であること」という実践は家庭関係の内部に留まるものではなく、保育を担う現場にも広がり、保育に従事する職員にとっての課題ともなっていく。もともとフランスの保育現場では、衛生面での配慮から親を含む外部者の保育施設内（crèche）への入室が禁止されていた。保育は、親たちへの指導的立場

第5章　子育てをきっかけにした共同性を確保する仕組み：フランスの事例から　*63*

をとる保健衛生分野の専門職が担い、親たちは介入することはできなかったのである。しかし、60年代末の大学運動とともに、保育不足を補うことと併せて保育に関与し始める親たちによる自主的保育（無認可保育）の広がりによって職員と親たちの関係性は変化していくこととなった。こうした公的な保育施設外部でおきる実態の変化に対応し、1975年の省令や通達によって1951年の規定は廃止され、保護者たちは施設内に足を踏み入れることが可能となったのである。1980年代を通じて親たちの共同保育は全国に広がり、政府はその革新的な取り組みを認め（公的な保育としての位置づけはない）、全国家族手当金庫から補助金の受給が可能となった。こうした流れの中で、政府やCAFとの交渉と調整のため、個々の共同保育は全国組織を形成するとともに、補助金を受けるための基準をクリアするために親たちは保育に従事する専門職とともに行う活動へと保育内容を変化させていったのである。

　この、親がアソシアシオンを創設し、そのアソシアシオンが運営する保育所「親保育所」はその運営を担う理事会、日常的な保育サポートや保育サービスを維持する雑務を親が担当し、現場の保育教育は職員が責任を負う。この施設内で観察される共同について、親という雇用者と職員という被雇用者、保育の専門職ではない親と保育の専門知識をもつ職員の関係性からみる、ケアの可視化、専門性や親であることの相互承認が機能している点が指摘される（木下 2008）。親であることを家庭の外でも実行し、保育を教育として自分たちが主導しながら、施設内で専門的知識をもつ職員によって安心させられ、親であることを承認されるのである。それは専門知識の評価にもつながる。そのため、親保育所でも、職員の研修制度や将来の保育従事者確保にむけたインターンシップ（援助契約を含め）への積極的関与があった。こうした施設内の保育の質を確保することに併せた近接領域（雇用政策）との連結はある一方、親保育所への参加者は子どもとその親、職員に限られ、保育教育に関して施設を超えた関係は限定的である。例えば、「近隣の老人ホームなどの他の施設との交流はあるか」という質問に、「ない」という回答がある。外部との交流は特段求められているわけではなく、保育は施設内で展開されるものなのかもしれない。親保育所は、親たちが家庭の外に出て不足する保育を補い、保育に参画する場をうみだし、保育を教育として捉える成果を持っていた一方、保育運営の面で多様なパートナーシップを結ぶことは未発達である。

　その点に関して、保育を中心に多様なパートナーと連携する取組みが生まれている。それが、2000年代以降地域活性化として注目されているマルチステー

クホルダー型の協同組合型保育（SCIC型保育所）である。

3．協同組合型保育所

　アソシアシオン型保育所も協同組合型保育所もいずれも保育所設置基準や保育従事者配置基準は等しく、上記でみた2001年8月1日法に則って保育サービスが提供される。

　一方、保育サービス提供組織としての観点からみると、協同組合型は2001年7月17日の集団的利益に係る共同会社（Société Coopérative d'intérêt Collectif, SCIC）に関する法で規定された組織である。1947年9月10日フランス協同組合法の1992年の大改正に続いて導かれた、協同組合、アソシアシオン、共済組合の「社会的経済」としての性質を社会的連帯協同組合（SCIC）として具現化した新しい協同組合像を提示する改正法である。組織の目的は、社会的有用性に基づき、財やサービスを生産したり、提供したりすることである。したがって、これらの財やサービスを生み出しながら、社会的包摂や雇用創出などを含めた地域福祉促進の一環となる可能性を明確にもつ保育所である。アソシアシオン型保育所からSCIC型保育所に移行することも可能である。

　SCIC型保育所には組合員によって代表される少なくとも3つの部会（collège）が構成されており、そのうち2つは保育サービスを利用する人たちと保育所の従業員である。その他の組合員は協同組合型保育の活動に関連するさまざまな利害関係、例えば、法人、ボランティア、自治体[1] などであり、マルチステークホルダー形式が義務づけられている（OECD、2010）。株式会社（SA）、単純型株式会社（SAS）、有限責任会社（SARL）の形態の下で、蓄積される積立金の不分割性、活動を終了するにあたり類似の組織に資産を譲渡するということによって非営利性を保障している（島村、2001）。こうした組織体系で経営される保育所はどのようなパートナーや部会を形成しているのか、その中で実践される保育教育の内容、利用者と従業員などの組合員の関わりはどういったものなのかについて具体的な取り組みを理解するために創設者にインタビュー調査を行うことにした。

　今回は、上記の点について現在調査中の内容について中間報告を行う。2017年調査で訪れた2タイプの協同組合型保育所は単体型とグループ型で、いずれも協同組合支援URSCOP[2] のメンバーである。前者はACEPPのメンバーでもあり、ACEPPには今回調査した保育所以外に、アルデシュ県のLes petits déboulonnés保育所（以下、Ｐ保育所）も登録されている。

　インタビュー協力者は、単体型Ｍ保育所は創設者がキャンセルとなったため教育統括の施設責任者である保育教諭Ｃ氏、グループ型Ａ保育所は創設責任者Ｋ氏とグループ全体の教育統括者Ｍ氏およびグループ内で一番新しい保育所Ｊの施設長Ａ氏である。インタビューはそれぞれ2017年11月21日と11月14日に行っている。次節では、２つの保育所で協力を得たインタビュー調査内容とLes petits déboulonnées 保育所についてはACEPPの紹介記事から、経緯、運用、保育教育について調査の中間報告を以下に示す。アソシアシオン型親参加保育施設と協同組合型保育の違いを把握し、引き続き行う調査の準備としたい。

企業内保育所としてスタートしたＰ保育所：地域をつなぐ

　2008年に設立された複数の受入れパターンのある保育所（複合型受入れ、multi-accueil）で、12の受入れ数をもつ。電気・エネルギー会社CEFEMの従業員の保育ニーズから生まれた。従業員の多くは会社のある地域住民であり、地方議員と連携し地域の垣根を越え４つの地区（コミューン）の住民にも保育所は開かれている。具体的には、CEFEMが７つ、地域が５つの受け入れを購入していることになる。保育所開設に必要な保育計画書のサポートをACEPP地方支部AdeHLが行い、ACEPP全国ネットワークに加入している。SCIC型運営にすることによって、議員からの支援も得られやすくなる。例えば、2014年自治体再編にあたって４つの地区が２つに分断され、一方の地区に保育所を設置できないことが明らかになった。その際、議員たちの働きかけもあり、政府との合意により多目的事務組合制度（Sivom）のもと４つの地区で継続している。企業内保育所としてCAFと子ども契約（Contrat Enfance Jeunesse, CEJ）を提携し、CAFから補助金を得ていたことからCEFEMは保育事業の責任を負う。また、保育所開設にあたり欧州投資基金の援助を受けている。保育所運営に対してはCAF、農業共済組合（MSA）や県議会からの補助金がある。

　Ｐ保育所はCEFEMだけではなく、多様なパートナーが存在する。４つの部会をもち、会社、自治体（collectivités territoriales）、利用者の親たち、従業員の部会である。ACEPP加盟の保育所であるが、通常の親保育所とは違い、親たちは経営を担当せず、管理者が担当している。一方で、保育教育のプログラムに対する意見や提案を行うために親たちはアソシアシオンを形成し、「親たち」として発言しやすい仕組みを作っている。

　2016年以降、Ｐ保育所は再び自治体再編を経て、広域連合体が運営する集約

的な情報提供や収集、受入れ割り当てなどの保育・子育て窓口Guichet unique（新しい名称Pôle Info Accueil Petite Enfance, PIAPE）をもつようになった。

単体型M保育所：地域を考える

　次に、同じくACEPPメンバーであり、2015年に設立された単体型M保育所をみてみたい。その理事会（conseil d'administration）は10人のメンバー、以下の４つの部会（Collège）で構成される。A部会：「創設者」カテゴリーでColline-Aceppとなり、投票権の26％を占める。B部会：「企業」、「自治体」カテゴリーで、30％の得票率を占め、現在はリール市で構成されている。C部会：「職員」、「親」、「家庭的保育者や在宅保育者」、「ボランティアや有資格者」、「出資者」からなり、投票権の26％を持つ。D部会：協同組合のパートナーなどその他のカテゴリーからなり、投票権の18％を占める。Bois-Blanc地区センター、Urscop（協同組合地域連合）、Club Cigales[3]（起業貯蓄投資家クラブ）からなる。事務所はM保育所内にあり、管理者（gérant）はC部会の構成員である。利用者家族たちは、49の利用家族のうち23家族が組合員であるという（C氏）。組合員は委員会に入ることができる。民主的運用を目指し、活動に一貫性を持たせ、組合員間の共通理解に基づいた組織運営するために限られた時間の中で「一緒に何かをつくりあげる」（C氏）方法として、経済・社会委員会（commission）と社会・教育委員会を作り、方針を決めている。前者は管理者、職員１名、３名の親たち、Club Cigalesの２名のメンバー、URSCOPの代表者からなる。後者は、多様な受入れ保育施設長と８名の職員、８名の親たち、Colline ACEPPを代表する組合員である。

　M保育所は、法的運用面ではURSCOPをパートナーとしてもち、教育面では親参画型保育を推進する全国組織ACEPPのメンバーでもある。ACEPPが策定した「保育の質に関する憲章(Charte de qualité d'accueil de l'enfance)」に賛同し、親と職員が共に子どもたちの発達に関わること、職員が保育の責任者であり、そのための質保証の研修を受けること、親が子の発達に関わる第一教育者であり、保育に参画すること、活動的・連帯する市民の権利を培う場としての受入れであることを理念としている。

　アソシアシオン型保育所では理事長の親が経営の決裁権をもつが、SCIC型では理事長ではなく管理者（gérant）が経営を担当する。保育所Mの管理者は政治社会学博士準備課程（当時のDEA）を取得し、ACEPP地方支部Collineでキャリアをスタートさせている。その後、労働者協同組合（SCOP）や民衆教

第5章　子育てをきっかけにした共同性を確保する仕組み：フランスの事例から　　**67**

育推進アソシアシオンで管理経営やプロジェクト評価・調査担当などを経て、
2012年から保育所M設立に向けて活動を開始している。

　担当医のほか、保育に従事する職員チームは9名で構成されている。保育教
諭資格をもつ施設長（35時間契約）、保育教諭（35時間契約）、看護士（半日）、
保育士2名（35時間契約、28時間契約）、子どもの活動指導員3名（35時間契
約、28時間契約）および将来契約[4]による研修生1名（28時間契約）である。
S保育所同様、若年者雇用支援制度を活用し、研修生には担当者がつく。

　こうした保育チームのもと、2ヶ月から4歳までの子どもを24人分受け入れ
ている。リール市が10人分の受入れ数に出資し、その10人分の受入れ数を利用
する子どもの母親たち4人が子どもを預けている間、自分自身の復学[5]する
ことが可能になっているという（Rapport d'activité 2017）。その他、リール都
市共同体（MEL）が5人分、リール都市計画（SPL）が2人分の受入れ数に
対して出資している。2016年6月までは全国教育一般共済組合（MGEN）が
2人分（ハンディキャップのある家族）の受入れに対して出資していた。残り
は従業員のために必要とする企業や地域住民のために自治体が年間を通じて購
入する。企業が保育サービスを購入することは保育所運営の継続の鍵となり、
アソシアシオン型保育所の抱える困難を解決しているようにみえる。それだけ
ではなく、「フランスの政策をゆっくりと進展させることになるでしょう。『う
ちの従業員がちゃんとしてもらうためにはそうだな、家族政策をうちの企業に
も導入するか』というようなことが重要なのです」（C氏）と言うように、保
育というケアを企業の中に埋め込んでいくことも可能なのである。

　立地についてみてみると、先にみたP保育所は自治体間協力で運営されて
いたが、M保育所はLille市とLomme市を結ぶ交差点としての役割を持つこと
が意図されている。もともと労働者たちが多く居住していたBoisBlancsとLe
Marais de Lommeをまたがる場所にビジネス・インキュベータEuratechnologie
が2009年に設立された。こうして、その広場付近に準備された900戸に新しい
住民たちが住むようになると同時に、従来からその地区に住む社会・経済的困
難を抱える人々たちの区画が維持されたままの地区となっている。住民の増加
による保育不足の地区と預かる子どもがいないので家庭的保育者の多くが失業
している地区があり、新しい住民と以前からの住民との間の分裂も問題点とし
て挙げられている。その対応として掲げられた目標は、保育サービスの拡大、
家庭的保育者とパートナー関係を結び集団保育や個別保育を組み合わせるこ
と、住民の多様性を受けいれる環境づくりをすること、就労に困難を抱えてい

る家族やハンディキャップをもった子どもたちに配慮すること、持続可能な保育を目指すことである。

　先にみた将来契約による受入れもこうした職業参入への関心から行われているものである。「職業参入にかかる心配があるし、人々を不安定な状況に放っておくことが問題」（C氏）というように、援助契約に関してはこれまでも実施してきていた。しかし、2017年11月に廃止が決まり、財政的な負担を押さえて行ってきた代替要員確保が難しくなると同時に、人材育成とそれを通じた保育理念の伝達に困難を抱えてしまうことへの対応方法は今回の調査では聞き取ることができなかった。

　家庭的保育者とのパートナー関係を重視する点では、先にみた親経営型S保育所で家庭的保育者の託児サービスを利用している子どもたちの受け入れにも類似している。しかし、S保育所での受入れの空きを利用してもらうように案内していたのとは異なり、M保育所は明示的に家庭的保育者との連携を意図し、RAMのように集い、情報共有を行う場であることも目指されている。同時に、子どもたちとRAMを利用し、家庭的保育の子どもたちと出会い、保育者と職員とが交流している。RAMだけではなく、パートナーである社会福祉センターの保育所やリール市の家庭的保育所と合同のお出かけを実施し、多様性に馴染み、地域の垣根を越える試みを行っている。

　このように、M保育所は多様な資金調達を行いながら、さまざまなパートナーと保育教育を行う場をもち、地域における多様性への柔軟性を高める取り組みを行っている。こうした柔軟性を可能にする、設立に関わった複数の関係者、地方議員や部会との具体的な連携方法について明らかにするために改めて2月に創設者にインタビューを行う予定である。

グループ型A保育所：雇用の創出と持続可能な保育の提案

　グループ型A保育所はそれぞれ個別に運営される複数のSCIC保育所からなり、統括し、経営母体となる固有の事務所を構えている。複数の保育所のうち、1つは親保育所を引き取ったマルチ受入れ型保育所である。経営母体の構成員は経営・交渉担当、教育担当、会計担当の3名および事務アシスタントが雇用されている。各保育所の職員の3分の1は組合員である。集団保育所だけなく、ミクロ保育所（小規模保育所）の設置、保育研修プログラムの提供を行っている。

　A保育所はURSCOPをパートナーとしてもち、子ども・子育て協同組合全国ネットワーク（Coop Petite enfance）の設立メンバーとして活動を行っている。

　創設の中心者であり経営担当K氏は、親運営型保育所の親たちが活動を始め

たときのように自分の子どもたちへ保育を確保するとか、自分たち親たちが保育に関わるために保育所を設置しようとしたわけではないと述べている。アソシアシオン型保育所では自分たちスタッフの給与を確保することができず、施設運営の継続性が確保されないことから、当初は企業型保育所の開設を考えていた。しかし、「保育」と「営利性」の理念の両立についてのうまい答えが見出せないことに悩んでいたところ、協同組合型企業のセミナー会において協同組合型保育所の存在と可能性について知るに至った。企業内保育所（crèches d'entreprise）[6]は全国にすでに存在していたからである。

教育統括担当M氏は保育教育における親の参加と交流について積極的な取り組みを取り入れていることを説明している。こうした配慮は、2000年8月1日デクレの中で家族の居場所やサービス・施設のありように対する家族の参加について定義するように明記され、親参画と親と職員の協働を推進してきたACEPPの理念を現実化させた項目である。このように、ACEPPメンバーでないA保育所の現場でも一般的に保育教育目標のひとつとして受け入れられている様子が確認される。M氏は持続可能な保育に関する研究を発表するなどし、研修プログラムの開発を進めている。

A保育所はP保育所やM保育所と異なり、地域をつくる活動というよりは保育をつくる活動であろう。この点についても調査を継続して確認していく作業が残されている。

4．まとめに代えて：子育てを通じて社会に埋め込まれた共同性にむけて

本章は調査の中間報告であり、ここでは今後行う調査の課題を整理したい。今回限られた事例からみられるアソシアシオン型と協同組合型によるフランスの子育て領域における共同性とは、誰かと誰かのものではない曖昧さを、明確なルールでつくりあげる社会的機制を意味するのではないかということである。そして、その共同性は、子育てを通じた場合に個別の施設によって応用可能な隙間を見出す作業であり、その中で新しい価値を創造する結果を生み出すきっかけとして、全体性を備えるではないかと考えられる。そうした営みが可能であるのは、今回みてきたような中間団体を通じた時間をかけた交渉によって、練り直され、変革し続けていくことが社会の中で可視化されているためであり、子どもの教育に限定しない問題として多くの人の目にさらされるからである。その中で、組合型保育所Mが言うように、企業内部における家族政策に

子育てを組み込むことが意図されるのである。

　親保育所の親たちが保育と子育てを教育としてつなぎ合わせる保育そのものの変革を促す活動であったのに対して、現在展開される協同組合型保育所は、子をなす・なさないに関係なく、子育てを通じた社会参加を可能にする活動である。筆者が行った限られた事例から見出せるのは、「不足するから自ら作り、親と職員の共同保育の価値を追加すること」(親保育所)から「保育を通じて複数のパートナーを巻き込むこと」(組合型保育)へと進展する保育・子育て領域のあり方である。前者は1901年のアソシアシオン法に基づき、後者は2001年のコミュニティ利益のための集団的利益のための社会的協同組合法による保育所である。その2001年社会的協同組合法はそれまでフランスに存在し、現在も存在するアソシアシオンも含め細分化され統合された社会的経済の延長上にあるものである[7]。このように、子育てを通じた社会的機制は突然現れるものではなく、それらを練り直す機会を共有する時間と参加する場が中間団体によって可視化され、確保されてきたのである。したがって、こうして更新され続ける中間団体の活動がなければ、フランスの子育てもまた、硬直化した単なる凝集性と同義の共同性としていずれ機能しなくなるだろう。誰と誰の間の問題かを問う作業よりも、社会が生き延びるための活動が優先されるように筆者には認識される。しかし、こうしたボトムアップ式経路で機能する社会が縮小していく方向性はフランスにまったく存在しないのであろうか。

　したがって、引き続き他の協同組合型保育の調査を続けるとともに、アソシアシオン型から協同組合型への移行を含め、比較的新しい他の保育形態 ―中間団体として位置づけられにくい営利企業型ミクロ保育所や家庭的保育者による共同保育(託児)―の運営について整理していきたい。そして、これらの活動にどのような共同性が見出せるのかについて検討したいと思う。

＜注＞

1 ）自治体は、2001年法では資本金の20％を超えて保有してはならなかったが、2014年の社会連帯企業法 (loi sur l'économie sociale et solidaire) によって50％を超えてはならないこととされた。(Borrits et Singer, 2017, p. 81)

2 ）「地域レベルでSCOP (協同組合と参加型企業) とフランス国内SCOPネットワーク団体CG SCOPとを連携する組織」(JC総研, 2016, p. 15)

3 ）1983年に設立された。(石塚 2003)

4 ）将来契約 (Contrat d'avenir)

第5章　子育てをきっかけにした共同性を確保する仕組み：フランスの事例から　　*71*

5）教員養成課程に2名、教育学1名、社会・連帯経済学1名。
6）例えば、ACEPPメンバーでもある、CEFEM（電気・エネルギー会社）内にあるScicの単体型Les petits déboulonnées（2008年設立、アルデシュ県）、資格をもたない母親たちにCAPPetite Enfance取得を支援するプログラムをもち、二つのアソシアシオンを合併しSCICとして運営するようになったグループ型Run enfance保育所（2011年、レユニオン）、Scopとして運営するグループ型Les Petits d'homme（2013年設立、ミクロ保育所と集団的保育所）やbébé-carで移動するSoli'mômes（2013年設立、セーヌ・サン・ドニ県）などがすでに存在している。M氏が述べたセミナーにこれらの企業内保育所の報告があったのかどうかについては聞き取りの中では確認していない。Les petites d'hommeは4つの保育所を経営し、3つのミクロ保育所、1つの集団保育所である（ウェブサイトより）。従業員の保育所であり、地域の子どもたちも受け入れる。
7）1867年協同組合企業法、1893年農業協同組合法、1900年農業共済組合法、1901年アソシアシオン法、1915年労働者協同組合法、1947年協同組合法とその1992年改正、1983年の協同組合、共済組合、アソシエーションを社会的経済として統合化する会社法がある。（Thierry 2006＝石塚 2008）

＜参考文献＞

Enzo Pezzini、前田健喜・阿高あや監修（2016）「欧州各国の共同組合ナショナルセンターのあり方と今後の方針 ―フランス・イギリス・イタリアの事例から―」『協同組合研究誌にじ』秋号No. 655.

石塚秀雄（2003）「フランスの地域雇用創出と社会的連帯経済」『協同の発見』No. 137（http://jicr.roukyou.gr.jp/hakken/2003/137/137-ishizuka.pdf 最終閲覧日：2017年12月16日）.

木下裕美子（2008）「フランスの親保育所にみられる連帯とは何か ―今後の日本との事例比較研究にむけて―」『家族社会学研究』第20巻第1号

―――（2017）「子育てを通じた社会的連帯の形成と仕組みに関する研究 ―フランスの親保育所と「親であること」をめぐる動きをてがかりに」同志社大学大学院経済学研究科博士論文.

OECD編著、連合総合生活開発研究所訳（2010）『社会的企業の主流化「新しい公共」の担い手として』明石書店.

島村　博（2001）「現代フランスの協同組合法Note」『協同の発見』12月、No. 114. http://jicr.roukyou.gr.jp/publication/2001/12/114-shimamura.pdf（最終閲覧日2017年12月16日）

Thierry Jeantet著、石塚秀雄訳（2009）『フランスの社会的経済』日本経済評論社.

吉長直子（2008）「日本における〈子育ての社会化〉の問題構造：教育と福祉をつらぬく視点から」『研究室紀要』第34号, 東京大学大学院教育学研究科教育学研究室, pp. 1-13.

ACEPP（2016）«Les collectifs Acepp, innovants et solidaires», *Les Gazettes*, No. 117.

———（2016）«Animer et gérer des projets petite enfance», *Les Gazettes*, No. 119-120.

———（2017）«Interpellation des condidates de 2017», *Les Gazettes*, No. 121.

———（2017）«Des pédagogies pour vivre ensemble», *Les Gazettes*, No. 122.

Benoît Borrits, Aurélien Singer（2016）Travailler autrement : Les Coopératives, Éditions du Détour.

CAF（2011）*L'accueil du jeune enfant en 2011: données statistiques*, Observatoire national de la petite enfance, p. 55.

CNAF（2009）«Opinions et satisfactions des parents vis-à-vis des modes de garde», *L'e-ssentiel*, No. 82.

Edith Voisin（2012）«Focus – L'expérience innovante des nouveaux modes d'accueil des enfants», CAF, Informations sociales, No. 174, p. 90-93.

Houzel, Didier（dir.）（1999）*Les enjeux de la parentalité*, Érès.

Neyrand, Gérard, Marie-Dominique Wilpert et Michel Tort（2013）Père, mère, des foctions incertaines : les parents changent, les normes restent?, Érès, p. 38.

L'OPE（2015）«grâce aux ' ' petits déboulonnés ' ' Les salariés vivent mieux la parentalité», *Entreprise & Carrières* - l'Enquête No. 1249.

Théry, Irène（1993）Le démariage : justice et vie privée, Odile Jacob.

UNAF（2009）«Modes de garde: vécu et attentes des parents et futurs parents», *Étude qualitative : écouter les familles pour mieux les comprendre*, No. 1.

＜Web site＞

Agapi（http://agapi.fr/agapi/ 最終閲覧日：2017年12月16日）

Coop Petite Enfance（http://www.scop.org/societe/coop-petite-enfance/ 最終閲覧日：2017年12月16日）

Le Méli-Mélo（http://www.creche-melimelo.fr/ 最終閲覧日：2017年12月16日）

Les petits déboulonnés,（http://www.accueil-petite-enfance.fr/innovation/creche-d-entreprise/creche-cefem-les-petits-deboulonnes/8/39 最終閲覧日：2017年12月16日）

Les petits d' homme（http://www.lespetitsdhomme.com/ 最終閲覧日：2017年12月16日）

Run enfance（http://www.runenfance.fr/ 最終閲覧日：2017年12月17日）

第6章
ドイツにおける「多世代ハウス」

（上田有里奈）

1. はじめに

　ドイツでは、ナチス政権下での人口政策の教訓から、従来家族政策において家族という私的領域への介入には慎重な立場がとられ、経済的負担調整に重点を置いた個別的支援が行われてきた。また、エスピン・アンデルセンによる福祉レジーム類型において「保守主義型モデル」に位置付けられるように、家族に対する伝統的価値観の長期的保持により、20世紀後半に至るまで、性別役割分業に基づく政策が展開されてきた。しかし、少子高齢化や家族の多様化社会の到来とそれに伴う社会保障制度存続への危機感から、これまでの体制の大幅な見直しが図られるとともに、家族や個人の福祉について如何なる方向付けをしていくかということは人々の大きな関心事として、家族政策は政策運営における重要な争点として位置付けられるようになっている。従来の経済的視点に着目した個別的支援に関する給付割合はヨーロッパ諸国のなかでも決して低い水準とはいえず、にもかかわらず出生率は他国と比べて極めて低い水準にあり、このことは金銭的援助だけでは必ずしも子どもを産み育てるインセンティブを与えることはできないということを意味している。こうした、政府による一面的かつ個別的支援だけでは現代社会において十分な解決は得られないという経験的知見から、社会全体の環境整備による多面的な支援という観点の重要性が認識されるようになった。

　こうした動きのなかで、特に2000年初頭からの社会民主党（SPD）の第二次シュレーダー政権以降、「持続可能な家族政策」と題し、家族をめぐる男女双方による職業生活との両立の実現に向けた、伝統的な家族規範からの脱却と、これまでの閉鎖的な家族像から、家族や個人を社会との関係のなかで問い直すべく、開放的な家族像への見直しが図られ、社会全体での支援体制の確立が進められている。

　現在、家族政策の下では地域を主体に様々な領域の社会的アクターが分野を超えてネットワークを構築し、包括的な支援を行うなかで「家族や個人に優しい社会」の構築が目指されている。その一環として、2006年に創設されたのが

「多世代ハウス」（Mehrgenerationenhäuser）である。多世代ハウスは、子どもから高齢者、障害者、移民など血縁・年齢・属性を超えた多世代にわたる人々の関係性を地域のなかで積極的に育成・強化し、人々の自発的な交流のなかでの相互理解や相互扶助を通して、家族や個人をめぐる様々な課題に対して複合的な解決を図っていくための政府主導のプロジェクトである。「ハウス」という名称ではあるが、そこに住むというものではなく、地域に住む全ての世代の人々が出会うための場として位置付けられている。2017年12月現在、ドイツ全土に550ヶ所以上の多世代ハウスが活動を展開している。

　今日の家族の多様化や個人化は、家庭内での多世代の交流や、従来家族が担ってきたケアや教育などの機能の達成を困難なものとしている。多世代ハウスでは育児や教育、介護など、個々人が抱える様々な責任や課題を、家族という血縁的な枠を超えた世代間連帯のなかで共有していくという理念の下で世代包括的な活動やサービスを展開している。

　ドイツは、福祉の担い手に関して政府の役割が大きい北欧型とは異なり、「補完性原理」の原則の下で、民間の福祉団体が大きな役割を果たすという特徴をもった福祉国家である。そのなかでも福祉六団体と呼ばれる、プロテスタント系の「ディアコニー」、カトリック系の「カリタス連合会」、ユダヤ系の「中央福祉会」、労働組合の「労働者福祉連合会」、赤十字、無党派系の「ドイツ同権福祉事業団」は福祉活動において歴史的に重要な役割を果たしてきた。多世代ハウスについても、プロジェクトの導入に伴い新設されたものではなく、もともとこれらの福祉団体を母体とする施設が多世代ハウスとしての活動に組み替えられているケース、あるいはその他のNPOや市民のボランティア団体などが組み替えられているケースが多い。「世代間の繋がりの強化」という多世代ハウスの理念に賛同した施設などが、新たに「世代間の交流」というコンセプトを取り入れ、従来の活動の幅を広げて展開している。

　政府主導の政策となると、上からの指示による画一的な活動内容になってしまう傾向にあるが、多世代ハウスの活動では政策立案者としての政府の役割はあくまで枠組み作りに留まり、実際の運営は現場の活動の担い手たちのイニシアティブに委ねられている。各多世代ハウスは地域の特色やニーズに応じた独自の活動を展開しており、各々の施設の持つ性格は多様性に富んでいる。そのため、「世代間の繋がりの強化」という大枠の共通コンセプトはあるものの、いわゆる縦割り式の政策体制の弊害からは脱却している。

第6章　ドイツにおける「多世代ハウス」　75

２．多世代ハウスの活動における重点の整理

　多世代ハウスの個々の活動については各施設の自主性が尊重されているが、そうしたなかでも活動展開にあたり特に重要な目的として捉えられ、多くの施設で積極的に取り組まれているものについて、政府による多世代ハウスに関する公的資料や報告書の内容、また自身による活動事例調査[1]を基に整理する。なお、ここでは特に子どもと青少年に関する取り組みを中心に見て行くこととする。

（１）「敷居の低いサービス」の展開

　多世代ハウスに関する資料のなかでは、「敷居の低いサービス」という用語がたびたび使われている。年齢や属性を規定しない全ての人々による自然かつ自由な出会いを共通のコンセプトとしているため、参加の第一歩として、誰でも気軽に訪問しやすい環境作りが第一に求められている。

　表１は、2013年に調査のためカールスルーエの多世代ハウスを訪問した際に実際に行われていた活動プログラムである。この一例を見るだけでも、子どもから高齢者、障害者、外国人を対象とした活動まで、世代包括的で多様な活動やサービスを一つの施設のなかで展開していることがわかる。

表１　多世代ハウスにおける活動プログラムの一例（2013年９月〜2014年１月）

（出典）Bürgerwerkstatt Stutensee（Karlsruhe）におけるパンフレットより作成

多世代ハウス全体におけるサービスの種類はケア（子ども、高齢者、障害者、そしてその家族を対象）、教育、家事、文化、スポーツ、食事など多岐の分野にわたっている。

（2）「公共の居間」（öffentliches Wohnzimmer）の設置

　多世代ハウスの設立にあたり、全ての施設で共通の設立条件となっているものが「Offener Treff」（開かれた集いの場）である。これは、多世代ハウスに関する資料において「公共の居間」（öffentliches Wohnzimmer）と表記され、いわゆる家のなかの団欒の場である「居間」にあたる部分であり、多世代ハウスを訪れる多くの人に利用されている。交流活動を行う場であるとともに、食卓を囲むことで交流を図るというコンセプトに基づき、食事やカフェを提供しているケースが多い。経済的に余裕がない人々にも考慮し比較的安い価格で提供され、住民が食卓を囲みながら、そのなかでできるだけ自然な形で人と人との繋がりを作る空間作りを重視している。日本においても 2000年以降、特にこのような「共食」を通じた交流促進を目的としたコミュニティカフェの開設が急速に拡大しており、多世代ハウスの「公共の居間」と共通するコンセプトといえる。

　写真1（左）は、2013年に訪問したフライブルクの多世代ハウスにおける「Offener Treff」での昼食時の様子である。実際に昼食時には学生などの若い世代から高齢者まで多くの人々が「Offener Treff」に集い、食卓を囲んで非常に賑やかな空間となっており、こうした「公共の居間」の設置が多世代交流の促進にとって有効な手段であることを改めて確認することができた。

　また、後にも述べるが、多世代ハウスの特徴の一つとして、提供される活動やサービスにおいて、非常に多くのボランティアが積極的に関わっていることが挙げられる。政府報告書によると、全ての多世代ハウスにおけるサービス提供者のおよそ6割をボランティアが占めている（BMFSFJ2011, pp. 19-23）。

　このフライブルクの多世代ハウスにおいても、訪問当時、職員の数は3人に対してボランティアの数は100人以上にのぼっており、活動の9割がボランティアによって担われていた。こうした背景には、この多世代ハウスの母体であるカトリック系福祉団体カリタス連合会の関係者がボランティアとして活動に参加していることに加えて、仕事をリタイアした後、人のために何かをしたいという想いや、自分の人生にとって何が大切かということの答えをここで見つけたいという想いから、多世代ハウスの一員として活動を行っている人が多く存

在していることが挙げられる。
　写真1（右）は、訪問時ちょうどキッチンで昼食の準備が行われていた際の様子であるが、ここで毎日提供される料理もボランティアの人々を中心に作られているものである。ここではたくさんの子ども達が料理を習いに来ており、ボランティアとして料理を作りに来ている年配の人々がかれらに日々教えながら共に台所に立っている。また、少し障害があり一般のレストランでは受け入れられなかった子ども達もここで料理を習い活動しており、かれらのここでの活動を多世代ハウスが証明することで、次の仕事へのステップアップにつながることも多くあるという。

写真1　「Offener Treff」での昼食時の様子

（出典）Erwachsenenbegegnungsstätte Freiburg Weingarten（EBW）（Freiburg）において

（3）子育て世帯の支援

　多世代ハウスの創設以降、重視されているテーマの一つが、子育て世帯への支援である。子育て中の家族を対象に親子教室を開催し、親子のより良い関係構築を支援したり、親たちのための集いの場を設け、育児を孤独に行わなくても良いよう支援している。また、保育サービスでは補完性と柔軟性の高さに重点が置かれている。現在ドイツにおいて特に整備の拡充が急務となっている全日制の保育園や託児所の設置をはじめ、日中働く親に代わり子どもの面倒をみてくれる「代理祖父母」の紹介や、緊急時や時間外の保育対応など、現場の需要に応じた柔軟な支援体制を通して働く親の育児との両立をサポートすることに力が入れられている。このほか、庭の手入れや買い物の援助、アイロンがけなどを例とする数多くの家事サービスの提供も、日常生活の負担軽減と仕事と家庭の両立にとっての大きな助けとなることから、人気の高いサービスとなっ

ている。

　写真2（左）は、上記とは異なるカールスルーエの多世代ハウスにおける
「Mütter Café」の様子であり、子どもを持つ親が集まり、親子で活動に参加し
ている。ここでは「Mütter Café（ママカフェ）」や「Eltern Café（両親カフェ）」
を定期的に開催し、妊娠中の女性や子育て中の親が集い交流をしたり、親子が
一緒に参加し様々な活動を行う機会が提供されているとともに、助産婦や保健
婦などの専門家による子どものしつけや教育をはじめとする子育てに関する定
期的な講演会を開催するなど、育児を孤独に行わなくても良いよう、子育て世
帯を応援するための様々な活動が準備されている。

　さらに多世代ハウス内部にはアパートメントも併設され、特に若くして子ど
もを生んだ母子家庭など、経済的な問題を抱える家族への住居の提供を支援し
ており、市への申請により無料での居住が可能となっている。

　写真2（右）は、ミュンヘンの多世代ハウスにおいて高齢世代の人々による
育児参加の様子である。今日では、健康かつ活発な高齢者が非常に多く存在し
ている。そして、かれらの多くは活動的に社会に参加し、また自身の知識や経
験をもって誰かのために役立ちたいと考えている。多世代ハウスの創設にあた
り、重要なねらいの一つとして、高齢者を一律に「支えが必要な存在」と捉え
る固定観念を払拭し、「社会の重要な支え手として活躍できる存在」という新
しい高齢者像を発展させることが掲げられている。こうした認識の下で、高齢
者が自主性に基づき自身の持つ力を最大限に発揮できるような活動展開を行っ
ていくことが目指されている。

　具体的には、先に述べた代理祖父母として日中働く親に代わり子どもの面倒
を見たり、高齢者がボランティアとして保育園や幼稚園に出向いて子どもたち
に本の読み聞かせを行ったり、学校帰りの子どもたちに宿題を教えたり、若者
に料理や手芸などを教えたり、また移民の背景を持つ若者の名付け親となりか
れらの生活や語学の習得をサポートしたりと、多くの多世代ハウスにおいて
様々な場面で豊富な知識と経験が他の世代のために活かされている。そして反
対に高齢者の方も、若者によるパソコンや携帯電話の講習や、家事や買い物、
庭の手入れの手伝いなど様々な形でサポートを受けている。こうした高齢者と
若者の交流や相互の助け合いは、世代間の連帯をより強いものにするだけでな
く、活動している人々自身の孤立の予防や健康の維持・増進、生きがいを実感
するきっかけにつながるものである。

第6章 ドイツにおける「多世代ハウス」　79

写真2　子育てに関する活動の様子

(出典) 写真（左）：Brunhilde-Baur-Haus（Karlsruhe）において
　　　　写真（右）：Nachbarschaftshilfe Taufkirchen（München）において

（4）融和と教育

　多世代ハウスでは、国籍や文化的、宗教的背景に関係なく、地域レベルで全ての人を受け入れる取り組みを通じて、移民の背景を持つ人々の社会参加を積極的に推進している。そのため、語学習得のための語学講習やインターナショナルな文化活動・教育活動を日常的に展開している多世代ハウスは多く、それと合わせて地域の移民組織との連携も図られている。

　教育の分野では、子どもや若者に対する家庭と学校による教育的、社会的な機能を補完する役割を担うものとして期待が寄せられている。そこで、宿題のサポートや午後の活動など放課後の支援、教育を伴う子どものケアサービスを行っているほか、子どもたちが家族の枠を超えて他者から愛情を受けながら成長できるよう、代理の親や祖父母制度などをはじめ、第三者の大人が子どもの成長を見守っていくための活動を行っている。

　写真3は、上記のミュンヘンの多世代ハウスにおいて毎週女性限定で行われている「トルコ風朝食の会」という催しの様子である。トルコの女性は日頃外の環境に出る機会があまりないため、外の世界で関係を築くためのステップを作りたいという想いから始まった。当初は2人のトルコ人女性のボランティアが朝食を作り、地域のトルコ人女性たちが集う場であったが、その後ドイツや他の国の人も集い、朝食作りから参加し食卓を共にするインターナショナルなトルコ朝食会へと変わりつつあるという。

　このほか、この多世代ハウスでは、近隣のイスラム教会やトルコのNPO組織などとも定期的に連携し融和活動を進めるとともに、トルコ人以外の従業員

への異文化理解のための研修を行うなど、移民の背景を持つ人々の社会参加の場、そして異文化の共生を図る場となるよう努めている。将来的展望として、この多世代ハウスで活動を行うトルコ人のボランティアや利用者を通して、このような助け合いの輪が多世代ハウスを超えてトルコ人コミュニティ全体において自発的に広がるよう、相互扶助のきっかけ作りをしていくことが目標とされている。

　写真4は、同多世代ハウスにおいて推進されている青少年コーチングプログラムである。これは、子どもたちが家庭環境に関係なく健やかに成長できるよう、家族以外の大人が子どもとパートナー関係を築き、一人ひとりに寄り添いながら長期的に子どもの成長を見守っていくというものであり、週に1～2回にわたり個別での面会などを行いながら、サポートを行っている。近くには基礎学校での初等教育を修了した子ども達（日本では10歳に当たる）のうち、次

写真3　「トルコ風朝食の会」の様子

（出典）Nachbarschaftshilfe Taufkirchen（München）において

写真4　青少年コーチングプログラム

（出典）Nachbarschaftshilfe Taufkirchen（München）において

の中等教育の段階で卒業後には就職し、職業訓練を受ける生徒が進む基幹学校があることから、地域の高い需要があり取り組みを始めることにしたという。他の市で行われているコーチング活動を参考にしながら、生徒とコーチングにあたる教師の募集を行い開始された。2011年に訪問した際は8、9年生（14〜15歳）以上を対象としていたが、2013年に再度訪問した際は12歳以上に対象を拡大してコーチングが行われていた。コーチングにあたる世代も上は65歳までとより幅広く拡大しており、全てボランティアとしてサポートにあたっている。これまでの助ける・手伝うというところから、人間としての関係性を構築していくという部分により重点を置いているという。

（5）ボランティア活動の推進

　多世代ハウスの特徴の一つに、ボランティア活動が非常に活発である点が挙げられる。サービス提供者の6割をボランティアが占めていることからも、ボランティアが活動の主体を担っているといえるのであり、他者のために何かをするという意思は、多世代ハウスが成功するための重要な要素となっている。また、サービスの提供だけでなく多世代ハウスに協力する他の社会的アクターとのネットワークの構築や協同活動においても、ボランティアが果たす役割は非常に大きいといえる。資格を持つ人・持たない人、様々な人々が自分にできることややりたいことをここに持ち寄り、無償あるいは有償ボランティアとしてサービスを提供している。ボランティアの研修も行われ、サービスの質への考慮もなされている。こうした積極的な多世代ハウスでのボランティア参加の推進には、市民としての社会参加の原動力につなげていくというねらいがある。

　多世代ハウスを訪問した際、ボランティアの方々へのインタビューも行ったが、そこではボランティアとして活動を提供する一方、利用者としても活動に参加しているといった、活動の担い手・利用者双方の立場を行き来しているケースが多く聞かれた。こうした環境がスタッフと利用者の境界を曖昧なものとし、市民主体の活動をより活発にしている背景の一つであると考えられる。

3．おわりに

　ここまで多世代ハウスの活動に関する特徴や重点、実際の現場の様子について見てきた。多世代ハウスでの対象を差別化しない「敷居の低いサービス」の提供により、誰もが気軽に利用できる場が目指されているなかで、サービスの

種類はケア、教育、家事、文化、スポーツ、食事など多岐の分野にわたっている。ケアの分野一つに限っても子どもをはじめ、ここではあまり扱わなかったが、高齢者、障害者、そしてその家族と幅広い対象者に向けたサービスの提供が行われており、非常に多様な地域資源が交差する場となっていることがわかる。

このような世代包括的で多様なサービスの展開を可能にしている背景には、まずは地域における活動分野の垣根を越えた多様な社会的アクターとの連携がある。多世代ハウスのみでこのような多岐の分野にわたる多様な活動を行うことは不可能であり、サービスの実行にあたり地域における様々な分野の社会的アクターとの連携があり可能となる。多世代ハウスと協力パートナーにある組織・団体は企業・経済団体、非営利組織、市民団体、学校・教育組織、福祉施設、自治体、教会など総じて23,000以上にのぼり、各多世代ハウスは平均46の組織・団体と様々な形でネットワークを結びながら協同活動を行っている（BMFSFJ2011, pp. 49-52, 63）。個別事例調査のなかでは、多世代ハウスの土地や建物、建物内部の備品などについても企業などから譲り受け使用している事例もあり、そのほか寄付金や宣伝などを含め、サービスの実行以外にも多様な支援の形が見られる。

そして、多世代ハウスの活動母体の多くはプロジェクトの創設に伴い新たに参入してきた事業体ではなく、それ以前にも地域において福祉活動に携わってきた民間の福祉団体やその他のNPO団体、市民団体などが活動母体となっているのであり、かれらが福祉活動の経験のなかで築いてきた社会的基盤やノウハウが多世代ハウスの活動にも積極的に活用されている。かれらの持つ地域でのネットワークや人的資源は多世代ハウスの幅広い活動の推進に貢献しており、さらに建物などのハード面においても既存の資源が多世代ハウスに活用されている場合が多い。このように、多世代ハウスは地域における既存の社会的資源を連続的に活用しながら、しかし従来の形とは異なる新しい福祉の形を地域のなかで発展させているのである。現在では多世代ハウスがネットワークの中核となり、周辺地域においても対象を個別化しない世代包括的なサービスを新たに展開していこうとする取り組みが広がりを見せている。

このほか、多世代ハウスにおける多様なサービスの展開を可能にしている背景には、政府による直接的な介入をできる限り限定し、個々の活動主体の主体性や独自性を優先する仕組みが整えられているということが挙げられる。多世代ハウスで生み出される活動やサービスの多くが、利用者や地域の声を直接的に反映させて作ることが可能となっているのであり、多くの市民が自身の得意

なことや行いたいことをそれぞれ持ち寄り、日々の活動に積極的に関わっているのである。それはまさに市民が主役となる地域作りを推進するものである。

　一方政府の役割は、年間を通じた財政支援のほか、地域における社会的アクターとのネットワークの構築や多世代ハウス同士の情報ネットワークの構築などに関する側面的な支援を行うことを通して、それぞれの組織が地域の支援網を介した相互扶助のなかで活動を推進していけるよう支援している。このように、政府は活動の継続に必要不可欠な支援は行うけれども、現場での活動の形を制度の枠にはめ込み過ぎない体制作りということが多世代ハウスの成功要因の一つであると考えられる。

　市民が主役となるという点は、多世代ハウスの活動の中心的担い手がボランティアであるという特徴からもいえる。多くのボランティア参加を推進することは、閉鎖的になりがちな施設の風通しを良くすることにつながるとともに、ボランティアが主役となることで活動の自由度をより高め、多彩な活動を展開することを可能にしている。多世代ハウスにおいて地域の需要に応じた自由かつ多様な活動メニューを展開していくにあたり、ボランティアはなくてはならない重要な存在となっている。多世代ハウスの責任者へのヒアリング調査において、今日では子どもや高齢者へのサポートは資格を持つ専門家でなければならないといった締めつけが強くなる一方であるとし、いわば「システム化していく社会」への懸念の声が聞かれた。もちろん教育を受けた専門家によるサポートは重要なものであり、こうした育児や介護のシステム化は私たちによって望まれ、確立されてきたものである。しかしその一方で現代社会はそうしたものに頼りきりになり、自分たち自身が互いに助け合っていくための市民によるセーフティーネットは脆弱なものになりつつあるといえる。多世代ハウスの活動に市民ボランティアの参加を積極的に支援することを通して、専門家でなくても誰もが誰かの手助けをできるということ、そして私たちは互いに助け合う役割を担っているということを伝えていきたいと話してくれた。もちろん多世代ハウスには、ボランティアとして活動している人々のなかに専門家や有資格者も多く存在していることも付け加えておきたい。

　このように、活動の担い手の中心がボランティアであるという特徴にくわえ、ヒアリング調査を行うなかで印象的であったことは、サービスの担い手と受け手双方の立場を行き来している人々が非常に多かったという点である。サービスを提供しながら利用者としても参加するといった光景が日を変えて、あるいは日を同じくして見られるのであり、これまで訪れた日本の施設では両

者の立場は区別されたものであったため、新鮮な感覚を覚えた。そこには、自分たちも市民社会の一員として、必要な時には互いに助け合いながら、安心できる居心地のよい地域を作っていこうとする想いが感じられた。こうした、サービスの提供者と利用者という双方の立場の垣根を越え自由に行き来するという、ある種柔らかな関係性や、活動の多くに市民ボランティアを介在させることによる専門性との中間的な領域、そして全ての人に開かれた場であることを特性とするものとして、従来の施設の持つ閉鎖性やある種の特殊性、サービスの担い手と受け手の非相互性を超えた新しい福祉の形を多世代ハウスに見出すことができるのであり、そこに市民による共同社会のあり方をめぐる一つの可能性があると考える。

　現在日本においても、地域社会における繋がりを再構築するための取り組みや、人々の居場所を作るための取り組み、世代間の交流を図るための取り組みなどが様々な形で行われている。しかし、ドイツのように社会保障全体の課題として全国に居場所となる場を常設するまでには至っていないのが現状であり、また日本の場合、支援の対象や主となる機能が細かに分散され乱立しているのが現状である。ヨーロッパのなかで日本と比較的近い家族・ジェンダー規範を保持してきたとされるドイツは、今日の少子高齢化や家族の多様化・個人化を経験するなかで新たな道を歩み始めている。ドイツが目指す持続可能な社会のあり方と可能性について考察することは、日本社会への示唆という点においても意義を持つものであると考えられる。

＜注＞

1）2011年8月と2013年12月に計6ヶ所の多世代ハウスを訪れ、それぞれ施設責任者、利用者、ボランティアを対象にヒアリング調査とアンケート調査を行った。

＜参考文献＞

上田有里奈（2014）「ドイツにおける新たな家族政策と多世代ハウスプロジェクト」『経済学論叢』（同志社大学）第66巻第3号，pp. 73-110.

上田有里奈（2016）「ドイツにおける多世代ハウスの活動 —活動事例調査を基に—」『経済学論叢』（同志社大学）第67巻第4号，pp. 181-235.

魚住明代（2007）「ドイツの新しい家族政策」『海外社会保障研究』（国立社会保障・人口問題研究所），第160号，pp. 22-32.

須田俊孝（2006）「ドイツの家族政策の動向 —第二次シュレーダー政権と大連立政権の家族政策—」『海外社会保障研究』（国立社会保障・人口問題研究所），第155号，pp. 31-44.

姫岡とし子(2007)「日独における家族の歴史的変化と家族政策」.

藤本健太郎（2012）『孤立社会からつながる社会へ ―ソーシャルインクルージョンに基づく社会保障改革―』ミネルヴァ書房.

本澤巳代子・マイデル，ベルント・フォン（2007）『家族のための総合政策 ―日独国際比較の視点から―』名古屋大学出版会.

本澤巳代子（2007）「新しい家族政策と「家族のための地域同盟」Ⅱ「家族のための地域同盟」の現状」.

本澤巳代子・マイデル，ベルント・フォン（2009）『家族のための総合政策Ⅱ ―市民社会における家族政策―』信山社.

BMFSFJ（Bundesministerium für Familie,Senioren,Frauen und Jugend）（2008）Erste Ergebnisse der Wirkungsforschung im Aktionsprogramm Mehrgenerationenhäuser: Starke Leistung für jedes Alter.

BMFSFJ（2011）Aktionsprogramm Mehrgenerationenhäuser: Starke Leistung für jedes Alter.

＜参考URL一覧＞

「多世代ハウス」（Mehrgenerationenhäuser）ホームページ：

    http://www.mehrgenerationenhaeuser.de/

「多世代ハウス」Bürgerwerkstatt Stutensee（Karlsruhe）ホームページ：

    http://www.mehrgenerationenhaeuser.de/mehrgenerationenhaus-burgerwerkstatt- stutensee-e.v.

「多世代ハウス」EBW（Freiburg）ホームページ：

    http://www.mehrgenerationenhaeuser.de/mehrgenerationenhaus-ebw-freiburg

「多世代ハウス」Brunhilde-Baur-Haus（Karlsruhe）ホームページ：

    http://www.mehrgenerationenhaeuser.de/brunhilde-baur-haus

「多世代ハウス」Nachbarschaftshilfe Taufkirchen（München）ホームページ：

    http://www.mehrgenerationenhaeuser.de/mehrgenerationenhaus-der-nachbarschaftshilfe-taufkirchen-e.-v.

おわりに

　本書では、「子育てと共同性」をテーマとし、多様な社会的事業の事例の検討を通じて、「共同性」について考察してきた。

　第1章では、「子育てと共同性」を考えるうえで欠かせない、子育てに関わる社会的事業の主要な担い手となっている、母親である女性の「働き方の多様性」についての論点が示された。

　第2章では、「主婦の起業」の事例を取り上げ、その実践を通じて生み出されるつながりと共同性について考察した。ひとつの事例からは、近隣の「ママ友」つながりによるムラ的な「共同性」を基盤とした事業を出発点としつつも、様々な困惑と葛藤を経て、後に、障害のある子どもの親を含む、社会の幅広い層の人々に開かれた「共同性」へと発展していた。もうひとつの事例では、店主と顧客という、一時的・偶発的に形成される関係のなかで、「子どもをよりよく育てる」ことと「母親としてよりよく生きる」という目標を共有した「ゆるい共同性」が認識され、ムラ的な母親同士のつながりとは異なる価値をもつ可能性が見出せた。

　第3章では、NPOによる、障がいのある子どもも含めだれでも利用することができるアートスペースの事例を取り上げ、公的制度にもとづく事業ではできないコミュニティが形成されていることが示された。ここでは、「本人が好きなことを自由にできる」ため、「アート」という共通軸はあったとしても、何かを目的とするわけではない。親も、子どものためだけではなく、自身が参加者として楽しむことができるという。訓練の場でも、療育の場でもない、「ただそこにいるだけでいい」という自由でゆるい居場所となっている。また、利用条件がないことにより、障害のあるなしにかかわらず、子どもも大人もすべての人が、それぞれがもつ個性を尊重されるアートというものを介して関わりあえることで自然な関係の構築ができ、ソーシャルインクルージョンの可能性を有していることが示された。

　第4章では、プレーパーク活動の事例を取り上げ、「自由な遊び」を軸として、既存の関係性に捉われている不自由な主体性を解きほぐし、「内なる声（自分が求めているもの）」に従って物事を考え、感じていく、そうした実践のなかで、既存の枠組みには捉われない「共同性」を生み出していくことが試みられていることが示された。

　第5章では、フランスのアソシアシオン型保育所と協同組合型保育所を事例

とし、保育を通じてみえる問題の共有のあり方を「共同性」とし、それを支える仕組みを確認した。フランスの子育て領域における「共同性」とは、誰かと誰かのものではない曖昧さを、明確なルールでつくりあげる社会的機制であった。また、フランスでは、「不足するから自ら作り、親と職員の共同保育の価値を追加すること」（親保育所）から「保育を通じて複数のパートナーを巻き込むこと」（組合型保育）へと進展する事例が確認された。

　第6章では、ドイツの「多世代ハウス」を事例として、この場所を通じて生み出される、「サービスの提供者と利用者という双方の立場の垣根を越え自由に行き来するという、ある種柔らかな関係性」に着目し、市民による「共同性」のあり方をめぐる一つの可能性として考察した。

　本書で取り上げた事例においては、子育ての主な担い手とされる親が、「支援される者」としてではなく主体者として何らかの実践を行い、その実践のなかでは、子育てをめぐって、様々な「共同性」が生み出されていた。その「共同性」のなかには「ムラ的な共同性」といえるものもあれば、「市民的な共同性」といえるものもあった。しかし、いずれの事例においても、その二つの枠組みでは捉えられないような、多様な「共同性」のかたちも見出された。たとえば、第2章では、店主と顧客、講師と受講生といった関係のなかで一時的・偶発的に生み出される「ゆるい共同性」ともいえるものや、「仕事」と「趣味」、「自宅」と「職場」、「近隣の友人」と「仕事の取引相手」といった境界が曖昧な状況の上に成り立つ価値多元的な「共同性」も見出された。これらの共同性には、ポジティブな価値とネガティブな価値の双方が見出されたが、その共同性のもとで人々が経験する困惑や葛藤が、その外部の世界における、開かれた「市民的共同性」への志向へとつながる可能性を有していることが示唆された。また第3章では、障害のある子どもを含む、自由でゆるいコミュニティにおいて、訓練の場でも療育の場でもないからこそ「無理にしなくてもいい」「ただいるだけでもいい」自由な居場所が形成されていることが明らかになった。これは、何らかの共通の目的や意味をもたなくてもいい、「ただいるだけでもいい」という共通の価値にもとづく「共同性」、つまり、ただ存在すること、ただ「在る」ことそのものを肯定する「共同性」とみることも出来るだろう。第4章では、プレーパーク活動のなかで、「参加者」「主催者」「親」「子ども」といった既存の立場や関係性への捉われから解放され、誰もが「自由」と「尊厳」をベースとした「共同性」を一から育むことが試みられている。この活動においては、常に「今」が大事にされ、一旦つくりだされた「共同性」そのものも絶えず問

い直されていく。第5章では、子育てを通じて社会に埋め込まれた共同性に着目し、誰かと誰かのものではない曖昧さを、明確なルールでつくりあげる社会的規制を意味するものとして「共同性」を捉えている。第6章で取り上げた「多世代ハウス」の事例では、サービスの「提供者」と「利用者」という立場の垣根を越え、人々はそのどちらにも自由に行き来するという、「柔らかな関係性」が築かれ、その関係に「市民」としての「共同性」の萌芽を見出している。

　これらの、社会的事業によって生み出されている「共同性」のありようをみると、それは、子育てという未だ大部分が「家族」という私的領域に内包される営みに関わるものでありながら、社会の幅広い層の人に開かれた「共同性」へつながるものとなっている。もちろん、これらの事例の記述からは、子育ては母親が主になって担うものであるという規範が未だ根強く見て取れる。しかし、それはもはや、「ジェンダー規範からの解放」という目標によってのみ解決が目指されるものではなく、子育てという営みを軸として、社会のあらゆる属性・立場の人が、その属性・立場とそこから生じる既存の関係性から解放されて、「自分がやりたいことをやる」こと、「自由」や「尊厳」、さらには、ただ「在る」ということの価値の肯定によってつながり、共に考え実践するという、ゆるやかな「共同性」の創出によって克服されようとしているようにみえる。こうしたゆるやかでありながら、時代や地域、属性の違いによって価値が損なわれることのない、普遍的な「共同性」こそが、子育てをめぐって様々な問題を抱えた人々が、主体的にそれらの問題を克服していくための基盤となる市民的な「共同性」となりうる可能性を有しているのではないだろうか。

【付記】本書は、JSPS科研費：基盤C（15K00729）の助成を受けた研究成果の一部である。

【著 者】

梅田　直美（うめだ　なおみ）
（奈良県立大学）

林　尚之（はやし　なおゆき）
（大阪府立大学）

巽　真理子（たつみ　まりこ）
（大阪府立大学）

木下　裕美子（きのした　ゆみこ）
（甲南女子大学）

木曽　陽子（きそ　ようこ）
（関西国際大学）

上田　有里奈（うえだ　ゆりな）
（同志社大学）

OMUPブックレット　刊行の言葉

　今日の社会は、映像メディアを主体とする多種多様な情報が氾濫する中で、人類が生存する地球全体の命運をも決しかねない多くの要因をはらんでいる状況にあると言えます。しかも、それは日常の生活と深いかかわりにおいて展開しつつあります。時々刻々と拡大・膨張する学術・科学技術の分野は微に入り、細を穿つ解析的手法の展開が進む一方で、総括的把握と大局的な視座を見失いがちです。また、多種多様な情報伝達の迅速化が進む反面、最近とみに「知的所有権」と称して、一時的にあるにしても新知見の守秘を余儀なくされているのが、科学技術情報の現状と言えるのではないでしょうか。この傾向は自然科学に止まらず、人文科学、社会科学の分野にも及んでいる点が今日的問題であると考えられます。

　本来、学術はあらゆる事象の中から、手法はいかようであっても、議論・考察を尽くし、展開していくのがそのあるべきスタイルです。教育・研究の現場にいる者が内輪で議論するだけでなく、さまざまな学問分野のさまざまなテーマについて、広く議論の場を提供することが、それぞれの主張を社会共通の場に提示し、真の情報交換を可能にすることに疑いの余地はありません。

　活字文化の危機的状況が叫ばれる中で、シリーズ「OMUPブックレット」を刊行するに至ったのは、小冊子ながら映像文化では伝達し得ない情報の議論の場を、われわれの身近なところから創設しようとするものです。この小冊子が各種の講演、公開講座、グループ読書会のテキストとして、あるいは一般の講義副読本として活用していただけることを願う次第です。また、明確な主張を端的に伝達し、読者の皆様の理解と判断の一助になることを念ずるものです。

　平成18年３月

OMUP設立五周年を記念して
大阪公立大学共同出版会（OMUP）

OMUPの由来

大阪公立大学共同出版会(略称OMUP)は新たな千年紀のスタートとともに大阪南部に位置する5公立大学、すなわち大阪市立大学、大阪府立大学、大阪女子大学、大阪府立看護大学ならびに大阪府立看護大学医療技術短期大学部を構成する教授を中心に設立された学術出版会である。なお府立関係の大学は2005年4月に統合され、本出版会も大阪市立、大阪府立両大学から構成されることになった。また、2006年からは特定非営利活動法人(NPO)として活動している。

Osaka Municipal Universities Press (OMUP) was established in new millennium as an association for academic publications by professors of five municipal universities, namely Osaka City University, Osaka Prefecture University, Osaka Women's University, Osaka Prefectural College of Nursing and Osaka Prefectural College of Health Sciences that all located in southern part of Osaka. Above prefectural Universities united into OPU on April in 2005. Therefore OMUP is consisted of two Universities, OCU and OPU. OMUP has been renovated to be a non-profit organization in Japan since 2006.

OMUPブックレット No.62

子育てと共同性
―― 社会的事業の事例から考える ――

2018年3月31日　初版第1刷発行

著　者　　梅田直美・巽　真理子・木曽陽子・林　尚之・木下裕美子・上田有里奈
発行者　　足立　泰二
発行所　　大阪公立大学共同出版会(OMUP)
　　　　　〒599-8531　大阪府堺市中区学園町1−1
　　　　　大阪府立大学内
　　　　　TEL 072(251)6533　FAX 072(254)9539
印刷所　　和泉出版印刷株式会社

©2018 by Naomi Umeda, Mariko Tatsumi, Yoko Kiso, Naoyuki Hayashi, Yumiko Kinoshita, Yurina Ueda, Printed in Japan
ISBN978−4−907209−82−7